JAN DE VOLDER

Martyrium eines Priesters – Leben und Sterben von Jacques Hamel

JAN DE VOLDER

Martyrium eines Priesters – Leben und Sterben von Jacques Hamel

echter

Titel der französischen Originalausgabe:
Martyr: vie e mort du père Jacques Hamel 1930–2016

Übersetzung: Hildegard Ulrich

Bibliografische Information der Deutschen Nationalbibliothek
Die Deutsche Nationalbibliothek verzeichnet diese Publikation in der Deutschen Nationalbibliografie; detaillierte bibliografische Daten sind im Internet über ‹http://dnb.d-nb.de› abrufbar.

2. Auflage 2018

Echter Verlag GmbH, Würzburg
www.echter.de

Umschlag: Peter Hellmund (Foto: © Paroisse Saint-Etienne de Saint-Etienne-du-Rouvray)
Satz: Hain-Team (www.hain-team.de)
Druck und Bindung: PRESSEL, Remshalden

ISBN 978-3-429-04368-1

Inhalt

Vorwort

Pfarrer Jacques Hamel wurde am 26. Juli 2016 während der Messe in einer Kirche in der Nähe von Rouen getötet. Sein Leben scheint nichts zu enthalten, was ihn der Anonymität entreißen könnte, wäre da nicht sein gewaltsamer Tod. Jan De Volder ist ein belgischer Wissenschaftler mit besonderem Interesse am Christentum in der Moderne. Die Nachricht von Hamels Tod am Altar machte ihn betroffen, sodass er sofort begann, über das Leben des Priesters zu forschen und nachzudenken. Auf diesen Seiten werden Hamels Lebensgeschichte, der Mord an ihm und die französischen wie auch internationalen Reaktionen auf dieses tragische Ereignis ausführlich dargestellt. Es zeigt sich das lebhafte Bild eines gewöhnlichen menschlichen Schicksals, das Leben eines Priesters, das aber nicht banal, sondern besonders ist. Man darf nicht bei der Nachricht über seinen Tod stehenbleiben, sondern muss sich die Frage stellen, wer dieser Pfarrer Jacques gewesen ist. Die Untersuchung und Darstellung von De Volder haben mich mit ihrer religiösen Begeisterung und Zeitgenossenschaft an Ai Qing erinnert, einen chinesischen Dichter der dreißiger Jahre, der sich – im Gefängnis – die Frage stellte, wer denn „die Tränen der Geopferten aufsammeln wird, die all diese Qualen erduldet haben".

Ai Qing formuliert die Hoffnung, dass die Erinnerung an so viel Leid nicht verloren geht: „Wenn ich nur eine dieser Tränen aufsammeln könnte". Diese Verse habe ich in meinem Werk *Salz der Erde, Licht der Welt* aufgeschrieben, in dem ich die Geschichte der neuen Märtyrer des 20. Jahrhunderts zusammengestellt habe. Jan De Volder verhindert, dass der Tod von Pfarrer Hamel nur eine – wenn auch schreckliche – Nachricht unter vielen bleibt. Er hat seine „Tränen" aufgesammelt, nicht nur die Tränen des Todes, sondern auch die seines gesamten Lebens. Denn Pfarrer Jacques starb, weil er ein großzügiges Leben als Priester lebte und dies auch im hohen Alter von 86 Jahren fortführte, ohne seinen Dienst zu beenden oder in Pension zu gehen. Während man nun dieses Buch liest, erkennt man, wie bedeutend das Leben dieses Priesters aus der Erzdiözese Rouen gewesen ist. Es ist kein banales Leben, auch wenn es nicht im Rampenlicht stand. Es war vielmehr ein demütiges Leben, das vor Ort in der Peripherie geführt wurde, um eine Mission zu erfüllen, der er sich seit seiner Jugend widmete und die durch seine Priesterweihe 1958 besiegelt wurde.

Die Geschichte dieses Priesters ist wirklich nicht banal. Ich möchte sie als Geschichte eines Priesters bezeichnen, der bei seinen Leuten und für das Evangelium gelebt hat, der derart an die Bedeutung der Liturgie glaubte, dass er sie auch für wenige Personen (jedoch sehr würdig und voller Glauben) gefeiert hat; und das ist alles andere als banal. In Frankreich und Westeuropa entspricht eine solche Geschichte häufig nicht dem Zeitgeist. Daher gibt es nur wenige Priester, und die Kirche in Frankreich beschäftigt sich mit diesem Problem. Tatsächlich kam ein kongolesischer Priester, um das Erbe der Pfarrei zu übernehmen, in der Priester Hamel viele Jahre lang Pfarrer gewesen war.

Dabei ist Pfarrer Jacques jedoch keineswegs der Vertreter eines aussterbenden Standes, wie bei jenen alten Berufen, die die moderne und postmoderne Gesellschaft nicht mehr benötigt. Auch seine Kirche ist nicht mehr im Aussterben begriffen. In Frankreich ist die Kirche zwar eine Minderheit in einem säkular geprägten Land, sie wird teilweise auch von Traditionalisten in der Heimat und in der römischen Kurie kritisiert, doch zugleich ist sie alles andere als eine bedeutungslose Erscheinung. Sie ist arm an Gütern und politischem Einfluss, doch keineswegs unbedeutend, auch nicht für die Franzosen, die eine andere Überzeugung haben. Das haben wir im Augenblick des Todes von Pfarrer Hamel feststellen können.

Es wurde sichtbar, als ganz Frankreich, angefangen beim (laizistischen) Präsidenten der Republik, Hollande, der Kirche Anteilnahme bekundet hat. In den Worten des Erzbischofs von Rouen, Lebrun, der der Bischof Hamels ist, und denen von Kardinal Vingt-Trois, der in Notre-Dame den Gedenkgottesdienst für den ermordeten Priester feierte, und vieler anderer Kirchenvertreter wurde eine spirituelle und menschliche Kraft spürbar, aber auch eine unerschütterliche Hellsichtigkeit, mit der der Terrorangriff nicht nur für die Katholiken, sondern für alle Franzosen gedeutet wurde. Pfarrer Jacques ist ganz und gar ein Sohn dieser Kirche Frankreichs, die der Horizont seines Lebens war. Er hat unterschiedliche Phasen ihrer Geschichte erlebt, von der vorkonziliaren Zeit über das Zweite Vatikanische Konzil bis heute.

Der Autor lässt uns in verdienstvoller Weise einen Blick darauf werfen, dass die Entwicklung des französischen Katholizismus – wie auch die neueste Geschichte Frankreichs – das Leben von Pfarrer Hamel grundlegend geprägt hat. Daher kann ich nur wiederholen, dass sein Leben alles andere als banal war. Angesichts des Wandels der französischen Gesellschaft, der Arbeiterwelt der fünfziger und sechziger Jahre wie auch der großen Zahl von Immigranten und Muslimen war dieser Mann für viele eine wichtige Bezugsfigur für ein christliches Leben. Das gilt vielleicht für viele unbekannte Christen oder Bürger, die ihre Stimme nicht erhoben haben, aber – mit Pfarrer Hamel – den Umbruch in Frankreich in den vergangenen Jahrzehnten erfahren haben. Im Namen des Evangeliums verkörperte er ein Leben mit den Anderen, auch wenn sie verschieden sind. Das ist auch in gesellschaftlicher Hinsicht von Bedeutung. Daher hat er eine Biographie verdient. Es ist wichtig, über seine Geschichte nachzudenken und die ihn erfüllende Hoffnung zu verstehen.

„I preti sanno morire" *(Die Priester verstehen es, zu sterben)*, so lautet der Titel eines kleinen Buches von Don Primo Mazzolari, einem italienischen Pfarrer, der die Verächtlichmachung der Hierarchie im 20. Jahrhundert erlebt hat und erst am Ende seines Lebens von Papst Johannes XXIII. den Segen für sein Wirken erhielt. Es ist ein Kreuzweg, den er dem italienischen Priester Don Pessina widmete, der 1946 in Reggio Emilia von Kommunisten getötet wurde, wie auch anderen Personen, die in jenen düsteren Jahren ums Leben kamen. Er hat ihn – was bedeutsam ist – gerade 1958 veröffentlicht, im Jahr der Priesterweihe von Pfarrer Hamel. Mazzolari, ein wahrer Priester, macht den gewaltsamen Tod zum Schlüssel, um das Leben eines Priesters zu deuten. Der Untertitel seines Buches zeigt, dass diese Geschichte nicht abgeschlossen ist: „La via crucis continua" (*Der Kreuzweg geht weiter*).

Ja, der Kreuzweg der Christen und der Priester geht weiter. Das 20. Jahrhundert war das Jahrhundert des Martyriums, wie es Johannes Paul II. gedeutet hat. Es war eine Zeit mörderischer Totalitarismen, in der das christliche Leben ein starker und gleichzeitig schutzloser Damm gegen deren Herrschaft über die Gesellschaft und über das Gewissen war. Doch die Geschichte des Martyriums endet nicht mit dem vergangenen Jahrhundert. Sie geht auch in Europa weiter. Jan De Volder hat mit Gespür die historische und vorbildhafte Bedeutung dieser Geschichte des Priesters aus Rouen erfasst. Er hat nicht viele Jahre abgewartet, um ein gelehrtes Werk über ihn zu verfassen. Dieses Buch stellt sicher, dass die Emotionen nicht verfliegen, die dieser Tod ausgelöst hat, sondern zum Gedenken werden. Ein Gedenken für die Christen. Aber auch ein Gedenken für die Franzosen und die Europäer, damit sie die Bedeutung eines für die Anderen gelebten Lebens auch als Ausdruck einer Leidenschaft für das Gemeinwohl erkennen.

Die Märtyrer können benutzt werden, um Rache zu schwören. Das ist geschehen und geschieht noch. Sie können auch, auf zivilisiertere Weise, dazu dienen, Sicherheit zu fordern, vielleicht durch Maßnahmen gegen bestimmte Gefährdungen mit zusätzlichen Mauern. Von der Kirche Frankreichs waren solche Worte nicht zu hören. Das wäre auch nicht konsequent gewesen in Anbetracht des Erbes von Pfarrer Jacques. Wenn der Terrorangriff eine Strategie beinhaltet hätte, dann wäre es nämlich die Rede vom Krieg der Religionen gewesen: der Islam gegen das Christentum. Doch in der Folge des Zweiten Vatikanischen Konzils hat die katholische Kirche sich geweigert, in diese Falle zu tappen (wie es dagegen bei manchen Katholiken geschehen ist, die zwar nicht Krieg fordern, aber zumindest Mauern). Die Kirche von Pater Jacques ist die Kirche Johannes Pauls II. und von Papst Franziskus. Sie glaubt weiter an das Zusammenleben in Frieden und Respekt und im täglichen Dialog des Lebens.

Nach dem schrecklichen Attentat vom 11. September 2001, der unser Bewusstsein erschüttert hat (sodass gesagt wurde: „Wir sind alle Amerikaner“), gab Johannes Paul II. nicht dem Druck derer nach, die seinen Segen für den Religionskrieg gegen den islamischen Terrorismus und in gewisser Weise gegen die Muslime forderten. Er forderte die Katholiken auf, zeitgleich mit den Muslimen am letzten Tag des Ramadan 2001 zu fasten. Dann lud er Anfang 2002 die Oberhäupter der Weltreligionen nach Assisi ein, um für den Frieden zu beten und für die Befreiung von Krieg und Terrorismus.

Heute hat die Ermordung dieses Priesters, „der es versteht, zu sterben“ (wie es an der Würde der letzten Augenblicke seines Lebens erkennbar ist), unser Bewusstsein aufgerüttelt. Die Muslime in Frankreich und auch in Italien haben die Initiative ergriffen und an vielen Messen am Sonntag nach der Ermordung von Pfarrer Jacques teilgenommen. Das ist eine nie da gewesene Tatsache und die Frucht eines jahrelangen Dialogs, der ganz und gar nicht nutzlos gewesen ist. Am 20. September 2016 ging Papst Franziskus mit den Oberhäuptern der großen Religionen nach Assisi, um den dreißigsten Jahrestag des von Papst Wojtyla begonnenen interreligiösen Friedenstreffens zu feiern. Die Geschichte wiederholt sich nicht, doch sie geht weiter. Sie spricht in prophetischer Weise zu unserer komplexen oder gar konfusen Zeit. Zudem birgt jedes Martyrium – und kann man bei Pfarrer Jacques nicht von einem Martyrium sprechen? – eine prophetische Botschaft des Evangeliums in sich. Sein prophetisches Dasein wurde mit dem Leben bezahlt. Denn ein Leben am Altar, ein priesterliches Leben, ist ein Leben, das für die anderen hingegeben wird und sich jedem aussetzt. Pfarrer Jacques hatte die Pfarreimitglieder vor dem Sommer aufgerufen: „Beten wir für die, die es am meisten benötigen, für den Frieden, für ein besseres Zusammenleben. Dieses Jahr ist das Jahr der Barmherzigkeit." Nicht nur durch seinen Tod, sondern durch sein ganzes Leben verstehen wir, dass dies nicht nur Worte waren, sondern eine tiefe Sehnsucht, die in den Wechselfällen des Lebens in einer Welt in der Peripherie täglich gelebt wurde.

Andrea Riccardi

1. Ein verhängnisvoller Vormittag

Heiliger Erzengel Michael,
verteidige uns im Kampfe, sei unser Schutz
gegen die Bosheit und die Nachstellungen des Teufels.
„Gott gebiete ihm", so bitten wir flehentlich.
Und du, Fürst der himmlischen Heerscharen,
stürze den Satan und die anderen bösen Geister,
die zum Verderben der Menschen die Welt durchziehen,
mit Gottes Kraft hinab in den Abgrund der Hölle.
Amen

An jenem Dienstag, den 26. Juli 2016, beginnt Pfarrer Hamel beim Aufstehen um sieben Uhr seinen Tag mit diesem Gebet. Er ruft den Schutz des Erzengels Michael gegen alles Böse an. Er macht seine Morgentoilette, liest sein Brevier, wie er es täglich mehrmals macht. Er geht kurz in die Bäckerei, um ein Brot zu kaufen, und frühstückt: schwarzer Kaffee und ein Stück Baguette. An diesem Morgen ist er besonders glücklich, denn er muss nicht wie sonst alleine zu Mittag essen.

Am Vorabend ist seine jüngste Schwester Roseline mit ihren Töchtern Angelique und Jessica und ihren beiden Enkeln aus dem Norden Frankreichs gekommen. Das große Pfarrhaus in der Rue Lazaire-Carnot 28 in Saint-Etienne-du-Rouvray, sonst leer und still, ist erfüllt von vertrauten Stimmen und voller Freude. Sie werden eine Woche lang bei ihm bleiben, während seiner letzten Arbeitswoche als Urlaubsvertretung des Pfarrers, um den

Haushalt zu führen, bevor sie ihn im August in den Urlaub nach Armentiers in den Norden und dann in den Puy-de-Dôme mitnehmen.

Während seines langen Priesterlebens hat Pfarrer Hamel seine Entscheidung zum Zölibat immer geliebt, das sollte aber nicht heißen, dass er gerne alleine lebte. Die Leute in seiner Pfarrei waren seine neue Familie, gerne nahm er Einladungen zum Essen bei ihnen an. Seine eigene Familie war ihm ebenso wichtig und eine Quelle der Freude. Seine Pfarrkinder bemerkten es, wenn seine Familie zu Besuch da war, denn dann strahlte er und war besonders froh.

An diesem Tag ist seine Schwester Roseline glücklich: Ihr Bruder Jacques sieht in seinem Sommerhemd gut aus und als gelernte Friseuse bemerkt sie sofort, dass er beim Friseur war, was normalerweise seine letzte Sorge ist. Außerdem trägt er eine neue Hose, ein Geschenk seiner Schwestern, die eine sichtbare Aufwertung seiner Garderobe darstellt, die manchmal etwas zu wünschen übrig lässt.

Der 85-jährige Pfarrer Hamel ist seit zehn Jahren mitarbeitender Priester in der Pfarrei Saint-Etienne-du-Rouvray in der Peripherie von Rouen, in der Normandie. Im Alter von 75 Jahren hatte er beschlossen sich nicht ganz zurückzuziehen, weil er weiterhin der Kirche und der Pfarrei dienen wollte. Das tat er auch im Sommer 2016.

Um es dem Pfarrer der Gemeinde, dem Redemptoristen-Pater Auguste Moanda Phuati zu ermöglichen, im Urlaub in seine Heimat Kongo zu fahren, hält er den Juli über die Stellung für ihn. Er hält die Messen, Taufen und Beerdigungen, hört die Beichte, macht Bereitschaftsdienst und Besuche.

Wie jeden Dienstag verlässt er das Pfarrhaus gegen 8:30 Uhr, um die Messe zu feiern. Mit seinem aufrechten Gang, der ihn trotz seines Alters immer noch charakterisiert, geht er zur wenige Meter entfernten Kirche Saint-Etienne. Die Messe soll pünktlich beginnen, es ist sonnig – nicht zu warm und nicht zu kalt. Eine schöner Tag und der baldige Urlaub steht bevor, Pfarrer Auguste wird bald zurückkommen. Die Zahl der Besucher dieser Vormittagsmesse ist sehr überschaubar. Normalerweise kommen mittwochs etwa zehn Gläubige zur Messe. Aber heute sind Louis und Armande Noël, ein befreundetes Ehepaar, für ein paar Tage in Urlaub in die Bretagne gefahren. Einige portugiesische Frauen aus der Gegend, die normalerweise zu dieser Messe kommen, sind in ihre Heimat gereist. Auch hat die Portugiesin Marie, die nicht weggefahren ist, heute entgegen ihrer Gewohnheit beschlossen zuerst zum Friedhof zu gehen, um das Grab ihres Ehemanns zu besuchen, bevor sie zur Messe geht. Da sie aber zu spät dran ist und weiß, dass Pfarrer Hamel Zuspätkommende nicht so gerne hat, entscheidet sie sich, nicht dorthin zu gehen. Die Schwestern von Saint-Vincent-de-Paul, die in der Umgebung wohnen, sind dagegen immer bei dieser Messe.

Anwesend ist die 72-jährige Oberin Schwester Danièle Delafosse, die vor vier Jahren nach Saint-Etienne geschickt worden war, um neuen Schwung in diese Gemeinschaft beim Dienst an den Leuten in den armen und schwierigen Vierteln zu bringen. Mit ihr sind an diesem Morgen die 83-jährige Schwester Hélène Decaux, eine ehemalige Krankenschwester, sowie die 79-jährige Schwester Huguette Péron, die erst seit acht Monaten in Saint-Etienne lebt. Die Schwestern engagieren sich mit

Besuchen bei alten, einsamen Leuten und unterstützen auch eine Hausaufgabenbetreuung im Viertel, die hauptsächlich von muslimischen Kindern besucht wird.

Außerdem helfen sie Pfarrer Auguste und Pfarrer Hamel, so gut sie können, beim Bereitschaftsdienst und anderen notwendigen Aufgaben in der Pfarrei. Dominique, die vierte Schwester, ist nicht da, weil sie ihre Familie für einige Tage besucht.

Zusammen mit den drei Schwestern sind zwei weitere Besucher anwesend: Janine und Guy Coponet. Sie sind gereift im Geiste des kleinen Bruders Charles de Foucauld. Jetzt sind sie verantwortlich für die „Christliche Rentnerbewegung", die Pfarrer Hamel gerne besucht. Dieses Paar in den Achtzigern, das drei Jahre zuvor sein 60. Ehejubiläum gefeiert hat, träumt manchmal davon, im August 2018 sein 65. zu feiern.

Denn dieses Fest ist das Versprechen, noch einige Jahre miteinander zu leben. Seit sie Mutter ist, hat Janine sich angewöhnt in diese Werktagsmesse zu gehen, nachdem sie ihre Tochter vorher in die Schule gebracht hatte.

Ihr Mann Guy begleitet sie bei diesem wöchentlichen Gang, seit er Rentner ist. Früher war er stellvertretender Verantwortlicher für das Heizwerk einer Papierfabrik. Heute ist ein Festtag für ihn: Es ist sein 87. Geburtstag.

Punkt neun Uhr – wie immer – betritt Pfarrer Hamel den Chor der Kirche, vor sich die kleine Schar der Gläubigen, die sich zusammen auf die Bänke vor dem Altar gesetzt hat. Er zelebriert die Messe gerne; sie gehört zu seinem langen Priesterleben. So singt er immer mit seiner schönen Stimme das Kyrie, das Sanctus ... Selbst nach einem halben Jahrhundert des Priesterdienstes bleibt für ihn die kleinste Messe ein feierliches Hochamt. Dafür sind ihm die Gläubigen dankbar. An diesem Tag, in der 17. Woche im Jahreskreis, feiert die Kirche das Fest der Eltern Mariens, der heiligen Anna und des heiligen Joachim.

Als erste Lesung hört man die Klage des Propheten Jeremia (Jer 14,17–22):

> *„Meine Augen fließen über von Tränen bei Tag und bei Nacht und finden keine Ruhe. Denn großes Verderben brach herein über die Jungfrau, die Tochter, mein Volk, eine unheilbare Wunde. Gehe ich aufs Feld hinaus – seht, vom Schwert Durchbohrte! Komme ich in die Stadt – seht, vom Hunger Gequälte! Ja, auch Propheten und Priester werden verschleppt in ein Land, das sie nicht kennen." [...]*

Die Lesung endet mit der inständigen Bitte:

> *„Gedenke deines Bundes mit uns, und löse ihn nicht! [...]*
> *Wir setzen unsere Hoffnung auf dich; denn du hast dies alles gemacht."*

Auch der folgende Psalm ist ein Flehen in der höchsten Not (Ps 79,11):

> *„Das Stöhnen der Gefangenen dringe zu dir.*
> *Befrei die Todgeweihten durch die Kraft deines Armes!"*

Er endet mit einem Versprechen (Ps 79,13):

> *„Wir, dein Volk, die Schafe deiner Weide, wollen dir ewig danken, deinen Ruhm verkünden von Geschlecht zu Geschlecht."*

Vor dem Lesen des Evangeliums (Mt 13,36–43) stimmt der Zelebrant das Halleluja an.

„Dann verließ er die Menge und ging nach Hause. Und seine Jünger kamen zu ihm und sagten: Erkläre uns das Gleichnis vom Unkraut auf dem Acker. Er antwortete: Der Mann, der den guten Samen sät, ist der Menschensohn; der Acker ist die Welt; der gute Samen, das sind die Söhne des Reiches; das Unkraut sind die Söhne des Bösen; der Feind, der es gesät hat, ist der Teufel; die Ernte ist das Ende der Welt; die Arbeiter bei dieser Ernte sind die Engel. Wie nun das Unkraut aufgesammelt und im Feuer verbrannt wird, so wird es auch am Ende der Welt sein. Der Menschensohn wird seine Engel aussenden und sie werden aus seinem Reich alle zusammenholen, die andere verführt und Gottes Gesetz übertreten haben, und werden sie in den Ofen werfen, in dem das Feuer brennt. Dort werden sie heulen und mit den Zähnen knirschen. Dann werden die Gerechten im Reich ihres Vaters wie die Sonne leuchten. Wer Ohren hat, der höre!“

Das Halleluja ist ein Glaubensbekenntnis für den Sieg Christi und die Auferstehung. Im Tagesevangelium erklärt Jesus sein Gleichnis vom Unkraut auf dem Acker, spricht vom Ende der Welt und vom Werk des Teufels.

Auch bei der einfachsten Liturgie verzichtete Pfarrer Hamel nicht darauf, wenigstens eine kurze Ansprache zu halten. Da er kein großer Redner war, bereitete er seine Predigten sehr sorgfältig vor. Er schrieb seine Sätze von Hand nieder, korrigierte sie, fügte einige Worte hinzu. Niemals erschien er ohne Vorbereitung zur Messe. In seiner kurzen Meditation hat er wohl – hier sind die Erinnerungen der Zeugen weniger klar – die Kraft des Bösen deutlich gemacht, aber auch den Sieg Christi in seiner Wiederkunft am Ende der Zeiten.

Während des Hochgebetes hört man das Zuschlagen der Kirchentür. Ein junger Mann betritt vorsichtig die Kirche. Pfarrer Hamel sieht ihn hereinkommen und gibt Schwester Huguette, die am nächsten bei der Tür ist, ein Zeichen, ihn zu empfangen. „Guten Tag, Monsieur, wie kann ich Ihnen helfen?", fragt sie. „Ich möchte wissen, wann die Kirche offen ist, und noch andere Sachen", antwortet der junge Mann in einem himmelblauen Polohemd. „Nun, kommen Sie in zehn Minuten wieder, wenn die Messe zu Ende ist, und Sie werden alle Antworten bekommen", sagt die Schwester.

Der junge Mann geht sofort wieder hinaus. Schwester Huguette ist über diesen morgendlichen Besuch nicht beunruhigt: „Er sah aus wie ein Student."

Die Liturgie geht weiter. Nach dem Vaterunser hält Pfarrer Hamel wie immer eine kurze Zeit des Schweigens. „Da sieht man, dass sein Gebet intensiver wird", sagt Danièle über ihn. Die fünf Messbesucher kommunizieren unter beiderlei Gestalt, wie immer in den Messen, die Pfarrer Hamel zelebriert. Die Messe geht zu Ende: „Geht hin im Frieden Christi", spricht er nach dem Segen und fügt stets hinzu: „Ich wünsche Euch einen guten Tag!"

Plötzlich geht alles drunter und drüber: Durch die kleine Sakristeitür betreten zwei Männer lärmend die Kirche. Man erkennt den Besucher von vor zehn Minuten, doch jetzt ist er ganz in Schwarz gekleidet. Sein Begleiter hat einen dichten Bart und trägt eine Kappe auf dem Kopf.

„Wir hatten die Situation sofort erfasst", erzählen die Schwestern. „Sie sahen aus wie die Terroristen, wie man sie aus dem Fernsehen kennt. Auf einmal verbergen die jungen Männer ihre gewalttätige Absicht nicht mehr. Sie schreien auf Arabisch herum, man hört das wohlbekannte ‚Allahu akbar!' heraus. Dann schreien sie auf Französisch, die Christen seien die Feinde der Muslime, weil sie den islamischen Kampf nicht unterstützen."

„Fesselt euch gegenseitig!", befehlen sie. Dann werfen sie schonungslos alles herunter, was auf dem Altar steht. Sie leeren ihre Taschen und breiten deren Inhalt darauf aus.

Die mitgebrachte Kamera geben sie Guy und befehlen ihm alles Folgende zu filmen. Dann beginnen sie eine Art Predigt vor dem Altar. Man hört noch die aufgeregte Stimme von Pfarrer Hamel: „Aber – was machen Sie denn? Beruhigen Sie sich doch!"

Dann überschlagen sich die Ereignisse: Einer der beiden packt den zerbrechlichen Priester mit beiden Händen und zwingt ihn sich niederzuknien. Pfarrer Hamel fügt sich nicht, er versucht stehenzubleiben. Eine schnelle Handbewegung, der Priester versucht sich zu schützen, erhält den ersten Messerstich. Die kleine aufgeschreckte Schar hört sein Schreien: „Va t'en Satan! Weiche von mir, Satan! Weiche von mir, Satan!" Das waren Worte, die ihm aus dem Evangelium in den Sinn kamen. Vielleicht waren sie noch inspiriert von der Lesung vom Unkraut und von den Söhnen Satans und durch sein Morgengebet zum Erzengel Michael. In diesem Moment sah er den Teufel in Person vor sich. Nach den Zeugenaussagen hat Pfarrer Hamel keinen Menschen verdammen wollen, sondern vielmehr den Teufel selbst, der in diesem wirkte.

Ein zweiter Messerstich beendet das irdische Leben des alten Priesters. Da beschließt Danièle, die entschlossenste der Schwestern, zu fliehen. Als die Dschihadisten das bemerken, lassen sie sie dennoch gehen.

Draußen hält die Oberin einen vorbeifahrenden Wagen an, sofort wird die Polizei alarmiert. Die französischen Sicherheitsorgane, die seit dem Attentat auf die Zeitschrift „Charlie Hebdo“ und den darauffolgenden Attentaten in Alarmbereitschaft stehen, sind schnell vor Ort. Eine Sicherheitsabsperrung wird um die Kirche errichtet, während die Kräfte der Antiterroreinheit BRI (Such- und Eingreifbrigaden) draußen Stellung beziehen.

Im Inneren der Kirche geht derweil der Schrecken weiter. Die Dschihadisten haben aus ihrer Tasche eine Pistole gezogen. „Ich hatte den Eindruck, dass es sich um eine Spielzeugpistole handelte“, vermutet Schwester Huguette richtig, wie später von der Polizei bestätigt wird. Die zwei Männer schreien, kreischen und schlagen mit großem Lärm auf den Altar und die Bänke.

„Man verstand, dass sie die Polizei erwarteten und unruhig wurden“, meint die Schwester. Unter Getöse schwingen sie den großen Kerzenständer hin und her. In ihrem Wahn stechen sie mit ihren Messern auf den Altar ein. Die Osterkerze fällt auf den Boden und zerbricht. Außerdem reißen sie ein Kruzifix von der Wand und den Rosenkranz aus der Hand der Jungfrau von Fatima. „Den Tabernakel und die Marienfigur haben sie aber nicht angerührt.“ Inzwischen wird der arme Guy gezwungen weiterzufilmen. „Auf dem Kamerabildschirm habe ich klar den roten Flecken auf der Albe von Pfarrer Hamel gesehen“, erinnert sich Schwester Huguette, die in der zweiten Reihe hinter dem alten Mann saß. „Ich war fest überzeugt, dass wir alle sterben würden.“ Dann empfiehlt sie Gott mit einfachen Worten ihr Leben:

„Lieber Herrgott, ich biete dir mein Leben dar ... Dann wiederholte ich das Glaubensbekenntnis an die Heilige Dreifaltigkeit, den Vater, den Sohn und den Heiligen Geist.“

Die Terroristen hatten aber nicht im Sinn, sich an den Frauen der kleinen Gemeinde zu vergreifen. Im Gegenteil: Sie beschließen – nach weiteren Gesängen, Schreien und Reden – ihren Blutdurst zu stillen, indem sie Guy angreifen. Ihr Ehrenkodex hält sie offensichtlich nicht davon ab, sich an einem gebrechlichen Mann, der an diesem Tag 87 Jahre alt wird, zu vergreifen. Sein Flehen, ihn am Leben zu lassen, wird nicht gehört.

Er muss sich niederbeugen und wird mit dem Messer in Arm, Rücken und Kehle gestochen. „Ich war außer mir“, wird später seine Frau Janine sagen. „Meinen Mann so sterben zu sehen! Ich kann mich kaum erinnern, denn ich stand unter Schock. Aber ich weiß, dass ich ihn der heiligen Theresa anvertraut habe und dem verehrungswürdigen Karmeliten von Venasque, Pater Marie-Eugène, der bald seliggesprochen wird. Man sieht ein ganzes Leben vorüberziehen. Man denkt, dass er niemals den jüngsten unserer Urenkel kennenlernen wird, der jetzt einen Monat alt ist, und dass wir unseren 65. Hochzeitstag nicht mehr feiern werden.“

„Wir haben noch einmal gesehen, dass er den Arm bewegte und leicht den Kopf neigte. Dann hörte man einen Seufzer“, erinnert sich Schwester Huguette. „Wir glaubten, er sei tot.“ Sein Körper lag nicht weit vom Leichnam von Pfarrer Hamel.

Aber Guy ist nicht tot! Er blutet besorgniserregend stark, aber der Messerstich am Hals ist weniger tief als gedacht. Er glaubt, sterben zu müssen, und versucht die Blutung zu stillen, indem er seine Hand auf die Wunde presst. Nach diesen beiden Bluttaten scheinen sich die Dschihadisten etwas zu beruhigen.

„Sie kamen zu uns und verkündeten, sie würden uns als Geiseln nehmen." Einer der jungen Männer packt Schwester Hélène und führt sie zu der Bank, auf der Guy vorher gesessen hatte. Es entwickelt sich eine Art pseudotheologisches Zwiegespräch zwischen dem jungen Mörder und der alten Nonne:

„Haben Sie Angst zu sterben?", stößt er verächtlich aus. – „Nein", erwidert sie gefasst.

„Warum nicht?" – „Weil ich an Gott glaube und weiß, dass ich dann selig sein werde."

Die Antwort scheint dem jungen Fanatiker zu genügen. Sein Haltung wird milder, er wird persönlicher:

„Ich selbst bin nicht immer Muslim gewesen." Dann sagt er wieder voller Verachtung: „Aber Jesus ist ein Mensch, er kann kein Gott sein." Er besteht auf dieser Anschauung; mehrmals wiederholt er, dass Gott keinen Sohn haben und Jesus nicht Gott sein könne. Das sei ein zentraler Punkt im muslimischen Glauben, der Jesus als Prophet verehrt.

Dieses erstaunliche, albtraumhafte Gespräch spielt sich zwischen den am Boden ausgestreckten Körpern der beiden niedergestochenen Männer ab.

Inzwischen glaubt Guy immer noch, im Sterben zu liegen, er versucht den Blutverlust aufzuhalten. Doch er bleibt dabei klar: „Sicher, ich war überzeugt, dass mein letztes Stündlein geschlagen hätte. Als ich so dalag, habe ich inständig gebetet."

Guy denkt an den kleinen Bruder Charles de Foucauld, der ebenfalls durch die Hand von Muslimen in der Wüste gestorben war. „Im Innersten habe ich das Gebet gesprochen, das mich so oft in meinem spirituellen Leben begleitet hatte und das ich glücklicherweise auswendig kannte:

„Mein Vater, ich überlasse mich dir;
mach mit mir, was dir gefällt.
Was du auch mit mir tun magst,
ich danke dir.
Zu allem bin ich bereit, alles nehme ich an.
Wenn nur dein Wille sich an mir erfüllt
und an allen deinen Geschöpfen,
so ersehne ich weiter nichts, mein Gott.
In deine Hände lege ich meine Seele.
Ich gebe sie dir, mein Gott,
mit der ganzen Liebe meines Herzens,
weil ich dich liebe und
weil diese Liebe mich treibt,
mich dir hinzugeben, mich in deine Hände zu legen,
ohne Maß, mit einem grenzenlosen Vertrauen.
Denn du bist mein Vater." (Charles de Foucauld)

Mehrere Male betet er auch das „Ave Maria". Er erinnert sich, dass er sich besonders auf die letzte Bitte konzentrierte: ‚Bitte für unsere Sünden, jetzt und in der Stunde unseres Todes.' „Ja, ich war überzeugt, dass ich sterben würde. Ich dachte über mein ganzes Leben nach. Aber ich war vollkommen ruhig und ergeben. Es war ein Gefühl totaler Hingabe. Dies mag seltsam klingen, aber ich war in vollkommenem Frieden. Ich hatte gar keine Gewissensnöte mehr, ich hatte nur Liebe in mir. Das war tatsächlich ein Moment größten Glücks."

Inzwischen gehen die Gespräche zwischen den Terroristen und den Geiseln in der Kirche weiter:

„Kennen Sie den Koran?“, stellt einer der Dschihadisten die Frage – immer an Schwester Hélène.

„Ja, ich habe den Koran in der Hand gehabt.“ Dann fügt sie klug hinzu: „Ich respektiere ihn wie die Bibel ... Was mich beeindruckt, sind die Suren, die vom Frieden sprechen. Auch die Christen wollen den Frieden.“

Diese Antwort scheint eine sensible Saite in dem jungen Extremisten anzuschlagen:

„Den Frieden? Auch wir wollen den Frieden ... Wenn Sie dann im Fernsehen zu sehen sein werden, sollen Sie den Verantwortlichen dort sagen: Solange es so viele Bombardements in Syrien gibt, so lange wird es auch Attentate in Frankreich geben, jeden Tag.“

Schwester Huguette meint: „Nachdem er das gesagt hatte, begriffen wir, dass wir gerettet waren und nicht getötet würden.“ In diesem Moment fragt Janine, geschwächt durch die Erschütterung und das Alter, ob sie sich setzen könne. Ohne zu zögern und mit einer gewissen Höflichkeit erlaubt es ihr der junge Mann: „Ja, setzen Sie sich, Madame!“ Hélène fasst ihrerseits Mut und fragt, ob sie ihren Stock haben könne, der an dem Platz liegengeblieben war, an dem sie vorher gesessen hatte. Der junge Dschihadist geht hin, holt den Stock und gibt ihn ihr. Inzwischen lässt der Lärm um die Kirche herum verstehen, dass die Polizei und die Ordnungskräfte wirklich vor Ort sind.

Die Mienen der Dschihadisten werden sanfter. „Er hat mir sozusagen zugelächelt“, erinnert sich Schwester Huguette. „Ich habe ihm sein Lächeln nicht erwidert, weil ich nicht wusste, was das bedeuten sollte.“ Wie in Trance stimmt dann der junge Mann einen Gesang an, vielleicht sind es Koranverse. Huguette erinnert sich an einen sehr sanften Gesang.

„Sein Gesichtsausdruck war jetzt ein anderer. Ich habe gespürt, dass sich in diesem Gesang seine Sehnsucht nach dem Paradies widerspiegelte. Es war nicht sehr lang, es dauerte vielleicht ein oder zwei Minuten. Aber es war so sanft – man spürte seine Freude, ins Paradies zu kommen."

Es dauert mehr als 45 Minuten, dass Guy sich auf den Tod vorbereitet; er erinnert sich, den Glockenschlag um 10:30 Uhr gehört zu haben. Kurz darauf beschließen die jungen Männer, Schwester Huguette dazulassen, Janine und Schwester Hélène packen sie an den Schultern, nehmen ihre Tasche und wenden sich der Ausgangstür zu. Sie scheinen die Schwestern als menschliche Schutzschilde missbrauchen zu wollen, aber vor der kleinen Tür stoßen sie Janine hinaus, die sofort von den Sicherheitskräften in Schutz genommen wird. Dann drängen sie Schwester Hélène an die Seite, bevor sie selbst mit dem Ruf „Allahu akbar" hinausgehen. Auf der Stelle werden sie von den Einsatzkräften der BRI erschossen. Die Geiseln werden sofort in einem nahegelegenen Laden in Schutz gebracht, der jetzt als Erste-Hilfe-Zentrum dient. Hier erfährt Janine eine Stunde später, dass ihr Mann lebt und medizinisch gut versorgt wird. Ihre Rührung ist groß, die Reaktion eher praktisch: „Jetzt können wir doch noch unsere Eiserne Hochzeit feiern."

Für Pfarrer Hamel jedoch ist das Wunder nicht eingetreten. Ganz wie sein Herr, dessen Hingabe und Auferstehung er gerade gefeiert hatte, wie er es sein ganzes Priesterleben lang getan hatte, hat er sein Leben hingegeben. In seiner blutbefleckten Albe war er sofort tot, der erste Priester in diesem 21. Jahrhundert, der auf europäischem Boden durch die Hand eines Dschihadisten ermordet wurde.

2. Ein Priester des Konzils

Ein solcher Tod wirft ein neues Licht auf ein ganzes Leben. Das Martyrium von Pfarrer Hamel gehört sicher dazu. Unmittelbar nach dieser Bluttat geht sein Name um die ganze Welt. Der Name Jacques Hamel und Fotos von ihm sind überall in den Schlagzeilen der französischen und der internationalen Presse, in den Nachrichtensendungen und sozialen Netzwerken zu sehen. Der Generalvikar der Erzdiözese Rouen, Philippe Maheut, äußert sich dazu: „Darin liegt zweifellos etwas Paradoxes: ausgerechnet Pfarrer Hamel in den Schlagzeilen von ‚Paris Match'! Wer hätte sich das jemals vorstellen können? Schließlich war er unter den Hunderten von Priestern in unserer Diözese vielleicht der Bescheidenste, Zurückhaltendste und Unauffälligste. Niemals zog er die öffentliche Aufmerksamkeit auf sich oder suchte sie gar. Eigentlich sprach man kaum über ihn."

Dieses Bild bestätigen alle Zeugen: das eines hilfsbereiten Priesters, der sich mit den Leuten gut verstand, eines spirituellen und zurückhaltenden Menschen, der immer da war und es niemals ablehnte, einem Mitbruder einen Dienst zu erweisen. Er war ein Priester – bis ins Mark.

Er wollte seinem Herrn und seiner Kirche dienen, seiner Herde, auch als seine Kräfte nachließen. Nach seinem 75. Geburtstag im Jahr 2005 bat er darum, seinen priesterlichen Dienst in der Gemeinde Saint-Etienne-du-Rouvray weiterführen zu dürfen. Daraufhin wurde er dort zum mitarbeitenden Priester an der Seite des Pfarrers ernannt.

Für ihn war das eine ganz natürliche Entscheidung: „Hast Du schon einmal einen Pfarrer in Rente gesehen?“, erwiderte er denen, die ihn ermuntern wollten in den Ruhestand zu gehen. „Ich werde bis zu meinem letzten Atemzug arbeiten.“

Keine rosige Kindheit

Jacques Hamel wird am 30. November 1930 in Darnétal im Département Seine-Maritime, im Industriegebiet um Rouen, der Hauptstadt der Normandie, geboren. Sein Vater George Hamel arbeitet als Mechaniker bei der französischen Eisenbahngesellschaft SNCF. Seine Mutter, Jeanne Marquillie, ist von Beruf Weberin. Sie leben im gewöhnlichen Arbeitermilieu, ohne wirklich arm zu sein. Alte Schwarz-Weiß-Fotos zeigen eine glückliche Kindheit: Man sieht den kleinen blonden Jacques in einem kleinen Kinderwagen. Als er zehn Jahre alt ist, wird ein zweites Kind geboren: seine Schwester Roseline. In der Erziehung der Kinder haben Anstrengung und Verdienste einen großen Stellenwert und eine gewisse Strenge ist zeitgemäß.

Das Leben der Familie Hamel ist aber nicht ganz so rosig. Während der Kriegsjahre ist die ganze Region stark in Mitleidenschaft gezogen, vieles ist zerstört.

Der Vater wird von den Besatzern im sogenannten STO (= service de travail obligatoire) zur Zwangsarbeit nach Deutschland befohlen, wo er im Chemiesektor für die deutsche Industrie arbeiten muss. Wegen einer Infektionskrankheit kommt er mit Hilfe des Roten Kreuzes bald wieder zurück. Aber in der Zwischenzeit haben sich die

Eltern auseinandergelebt. Die Eltern leiden unter dieser angespannten Beziehung. Doch diese Situation wird Jacques und seine Schwester zusammenschweißen.

Sehr bald ist sich Jacques sicher, dass er Priester werden will. Er gehört zu den Jungen, die gerne ‚Pfarrer' spielen. Eines Tages findet ihn seine Mutter im Gartenschuppen: Aus dem Tisch hat er sich einen ‚Altar' gemacht, ein langes Kleid dient ihm als Albe. Mit sechs Jahren wird er Ministrant in der Kirche Saint-Vincent. Mit zehn Jahren kann er schon die lateinischen Formeln aufsagen. In der Volksschule wird er vom Unterricht befreit, wenn er bei Beerdigungen ministrieren soll. „Dann holte der Priester ihn ab und Jacques begleitete ihn", erinnert sich seine Schwester Roseline.

Ein Schaf unter den Wölfen

Der Junge ist eher von zarter Statur. Der Vater nennt ihn seinen „Spatz". Diese Zerbrechlichkeit wird ihn sein Leben lang begleiten. Vom Charakter her ist er äußerst zurückhaltend, ja scheu. Die erste Erinnerung seiner Schwester an ihn ist ein Besuch mit der Mutter während der Schulpause:

„Ich sehe ihn vor mir mit seinen weißen Kleidern und der schwarzen Tafel unter dem Arm dastehen, während die anderen Kinder spielten und durcheinanderschrien. Er schien mir wie ein Schaf unter den Wölfen zu sein."

Mit dem festen Vorsatz, Priester zu werden, tritt er mit 14 Jahren in ein kirchliches Internat ein. Wie Roseline erzählt, denkt er eine Zeit lang darüber nach, ‚Weißer Vater' zu werden, um als Missionar in Afrika zu arbeiten. Aber er befürchtet, das Leben dort körperlich nicht durchzustehen. So entscheidet er sich dafür, sich in den Dienst der Kirche von Rouen zu stellen. Seine fromme Mutter ist hocherfreut über diese Entscheidung ihre Sohnes. Sein Vater – weniger religiös – ist deutlich weniger begeistert. „Er hätte es lieber gehabt, wenn mein Bruder, der sehr intelligent war, studiert hätte, um in der Gesellschaft aufzusteigen. Er sah ihn lieber als Ingenieur." Da der Junge sich auch für Züge interessierte, hoffte der Vater wohl, dass er in seine Fußstapfen treten und ebenfalls bei der SNCF arbeiten könnte.

Als Jacques 17 Jahre alt ist, lassen seine Eltern sich scheiden. Das sollte eine lange Trennung von seiner Schwester bedeuten, die bei der Mutter bleibt. Die Familiensituation schmerzt ihn. Oft bleibt er am Tag der Familienbesuche oder bei der Verteilung von Päckchen alleine: ohne Besuch, ohne Päckchen. Später heiratet sein Vater wieder, Jacques bekommt zwei Halbgeschwister: Chantal und Gérald.

Die Jahre im Priesterseminar von Rouen

Die Fünfzigerjahre sind eine Zeit, in der es in der französischen Kirche gärt. Das Buch „La France – pays de mission?" (Missionsland Frankreich) bleibt nicht ohne Wirkung. In dieser Publikation, die Epoche machen sollte, weisen die beiden Verfasser, die Priester Henri Godin und Yvan Daniel, auf die starke Entchristlichung der Arbeiterschaft in Frankreich hin. In der unmittelbaren Nachkriegszeit beginnt eine Gruppe französischer Priester ihren Dienst unter den Arbeitern in der Fabrik zu leben. Sie haben sich durch ihre persönlichen Erlebnisse als

Zwangsarbeiter in der deutschen Industrie während des Krieges dazu anregen lassen. Ihrer Ansicht nach ist das für die katholische Kirche die beste Art und Weise, wieder in Kontakt mit der Arbeiterschaft zu kommen. Sie machen sich die Hoffnungen und den Kampf der Arbeiter zu eigen, engagieren sich in Vereinen und Gewerkschaften, nehmen an Streiks und Massenveranstaltungen der Arbeiter sowie an politischen Aktionen teil.

Aber das Experiment der Arbeiterpriester schlägt fehl, vor allem weil konservativ-katholische Kreise die vermeintliche Klüngelei mit den Kommunisten kritisieren und die Würde des Priesteramts an sich angeblich auf dem Spiel steht. Der internationale Kontext des Kalten Krieges und das Schreckgespenst des Kommunismus in den westlichen Ländern sind nicht gerade günstig für sie. 1954 schließlich ordnet Papst Pius XII. an, das Experiment der Arbeiterpriester zu beenden.

All dies wird leidenschaftlich unter den jungen Priesteramtskandidaten diskutiert. „In unserer Seminargeneration waren wir alle Anhänger der Arbeiterpriester", erinnert sich Pfarrer Paul Flament, der Pfarrer Hamel gut kannte und mit ihm zusammen geweiht worden war. „Nach diesem Verbot waren wir alle bestürzt."

Die „Nouvelle Théologie"

Auf der Ebene des theologischen Denkens wird die sogenannte „Nouvelle Théologie" diskutiert. Sie entwickelt sich in zwei Studienzentren in Frankreich: bei den Pariser Dominikanern und der theologischen Fakultät der Jesuiten von Fourvière in Lyon. Theologen wie Henri de Lubac, Teilhard de Chardin, Marie-Dominique Chenu und Yves Congar vertreten eine Rückkehr zu den Wurzeln des Christentums und nehmen Abstand von der traditionellen Scholastik. Obwohl diese theologische Richtung von Teilen der Kurie abgelehnt wurde und die Enzyklika „Humani generis“ von Papst Pius XII. sie in die Schranken wies, wurde die „Nouvelle Théologie“ dennoch im Zweiten Vatikanischen Konzil sehr wichtig.

In der unmittelbaren Nachkriegszeit von 1944 bis 1953 war Msgr. Angelo Roncalli apostolischer Nuntius in Paris. Der künftige Papst Johannes XXIII., der einige Jahre später das Konzil einberufen wird, verfolgt die Entwicklungen der gesellschaftlichen und kirchlichen Debatten in Frankreich genau. Roncalli besucht im Dezember 1947 anlässlich der Beerdigung des Erzbischofs Pierre Petit de Julleville die Diözese Rouen. Er reist nicht nur gerne, sondern hegt auch große Sympathie für den Kardinal, wie sein Tagebuch bezeugt.

Dessen Nachfolger, Msgr. Jean-Marie Martin, der Bischof von Puy-en-Valay, steht eine Zeit lang auf der „Säuberungsliste“ des damaligen Premierministers Bidault, weil er Marschall Pétain zu nahe gestanden habe. Aber diese Widerstände werden überwunden und der Prälat, der außerdem während des Krieges dem Rabbiner von Bordeaux Asyl gewährt hatte, wird schließlich am 11. Oktober 1948 in Rouen zum Bischof geweiht. Nuntius Roncalli ist glücklich über diese Entscheidung und hat Vertrauen in ihn. „Msgr. Martin, der Erzbischof von Rouen, ist zum Frühstück gekommen, wo es ihm trotz allem gut geht, und ich vertraue darauf, dass er seinen Klerus gewinnen wird, wie es ihm schon mit dem Volk gelungen ist“, notiert er am 1. Dezember 1949 in sein Tagebuch. Roncalli ist redselig, aber klug, konservativ und gleichzeitig offen.

Somit bevorzugt er bei der Nominierung der Bischöfe die Wahl echter Hirten. Für ihn soll das Hirtenamt nicht bedeuten, „für die Erhaltung eines Museums verantwortlich zu sein, sondern für das Bebauen eines weiten, fruchtbaren Feldes", wie er 1950 an einen Freund schreibt.

In diesem Geist der pastoralen Offenheit, der auch das Seminar von Rouen durchströmt, tritt Jacques Hamel dort ein. Man ist hier offen: Es ist kein Problem, abends auszugehen und große Meinungsfreiheit zu genießen. Das war zu dieser Zeit allerdings nicht die Norm. Pfarrer Flament berichtet: „Im benachbarten Seminar von Caen waren sie verschlossener und traditionalistischer."

Von diesen Jahren im Seminar, zwischen 1952 und 1958, spricht auch Pfarrer Michel Cousineau, ein Priester in Rouen, der 1956 geweiht wurde, in seinem kürzlich erschienenen Buch „Trois génerations de prêtres": „Dort herrschte ein gutes Klima und es gab gute Professoren, die mich stark prägten: Pfarrer Georges Auzou, Professor für Bibelwissenschaften, der Moraltheologe Michel Voinchet und Jean Labigne, Professor für Dogmatik. Diese drei waren wirklich die Männer der Situation …"

Er erinnert sich an Pfarrer Hamel in den letzten Jahren im Seminar zwischen 1952 und 1958 als eines zuverlässigen, verschwiegenen und diskreten Studenten: „Er hatte auch eine perfektionistische Ader. Die Dinge waren niemals so, wie sie sein sollten. Da konnte er sich aufregen, ja sogar ein bisschen ärgern."

Dieser Charakterzug wird ihn sein ganzes Leben lang begleiten, auch wenn er mit den Jahren etwas abgemildert wird. Was seine Oberen und seine Lehrer im Seminar sehr beunruhigt, ist weniger seine Ungeduld als seine Schüchternheit. Würde er denn als Priester auf die Gläubigen zugehen können?

„In diesen Jahren hat er viel an sich arbeiten müssen", meint seine Schwester Roseline.

Dennoch hat der zukünftige Priester Jacques Hamel einen gewissen Humor. „Im Seminar hatten wir damals eine kleine Zeitung, mit für die damalige Zeit bisweilen wenig respektvollen Tendenzen. Da Jacques Hamel gut zeichnen konnte, war er der Illustrator dieses Blattes", erinnert sich Pfarrer Flament.

„Eines Tages stellte er mich (stolz) auf einem Pferd sitzend dar und legte mir folgende Worte in den Mund: ‚Und wenn nur einer übrigbleibt, dann bin ich es!' Er kannte meinen etwas aufschneiderischen Charakter."

Der Algerienkrieg

Die Generation von Jacques Hamel ist sicherlich stark vom Algerienkrieg geprägt. Wie alle anderen Bürger müssen auch die Seminaristen ihren Militärdienst ableisten. Im Alter von 23 Jahren wird er zu einer 18-monatigen Dienstzeit zunächst nach Lens geschickt.

Der heute 83-jährige Henri Cordonnier aus dem Pas-de-Calais, der zusammen mit ihm den Militärdienst geleistet hat, erzählt: „Jacques Hamel war so etwas wie unsere Bezugsperson, nach der wir uns bei unseren Paraden und Märschen richten konnten. So wurde er für uns zu ‚Oskar', wie wir ihn freundschaftlich im Scherz nannten. In seiner natürlichen Gutmütigkeit nahm er diesen Namen auf nette Weise an."

Jacques Hamel muss an einem Lehrgang für angehende Unteroffiziere teilnehmen, weil man die Seminaristen aufgrund ihres Bildungsniveaus für diese Aufgabe als besonders geeignet ansieht. Aber letztendlich möchte er das nicht, was wiederum typisch für ihn ist: Nie will er sich über die anderen erheben. Lieber will er ein einfacher Soldat bleiben. Er weigert sich, die Offizierslaufbahn einzuschlagen, denn er will nicht ‚Leuten den Befehl geben müssen, andere Menschen zu töten', wie er seiner Schwester erklärt.

Am 1. November 1954, dem sogenannten ‚Blutigen Allerheiligen', ist er immer noch beim Militär. Mit einer Reihe von Attentaten macht die FLN (= front de libération nationale) erstmals öffentlich von sich reden. Das bedeutet den Anfang des algerischen Unabhängigkeitskrieges, der von 1954 bis 1962 dauern wird.

Einige Tage später, am 4. November, muss die Kompanie von Jacques Hamel nach Marseille abrücken. Von hier werden sie mit dem Schiff ‚Général Chanzy' nach Algerien verlegt. Sie kommen am 8. November in Bone an, dem heutigen Annaba. Von dort geht es zunächst nach Constantine, später nach Biskra. In der Kaserne in Biskra, am Fuß des Aurès-Massivs, leistet Jacques bei einer Fernmeldeeinheit seinen Dienst und wird im Fahrdienst für Offiziere eingesetzt.

Eines Tages wird seine Einheit beim Durchqueren einer Oase von Maschinengewehrsalven empfangen. Die Soldaten des Führungsjeeps und des folgenden Fahrzeugs werden alle getötet, er überlebt als Einziger.

Oft wird er sich fragen, warum ausgerechnet er gerettet wurde. Nach Roselines Worten ließ ihm diese Frage keine Ruhe: „Warum gerade ich?" Nach seiner Rückkehr erzählt er nicht gerne von seinen Kriegserlebnissen in Algerien. „Allerdings schaute er gerne Filme darüber an. Er war dann auf der Seite derer, die sich weigerten den Befehlen ihrer Vorgesetzten zu gehorchen.“

Paul Flament bestätigt: „Die Erfahrung des Algerienkrieges hat uns alle tief geprägt. Wir waren alle Antimilitaristen. Trotzdem hat diese Priestergeneration eine Seite, die man als militärisch bezeichnen könnte. So auch Jacques Hamel: Er erwartet Disziplin, ist bisweilen streng und anspruchsvoll, mehr noch mit sich selbst als mit anderen. Er hat ein gutes Herz, aber gleichzeitig auch eine unnachgiebige Seite.“

Die Jahre des Konzils

Am 30. Juni 1958 wird Jacques Hamel in der Kathedrale von Rouen, die nach zehnjähriger Restaurierung wegen der Kriegszerstörungen erst 1956 wieder geöffnet wurde, zum Priester geweiht. In diesem Jahr werden 15 Neupriester von Erzbischof Joseph-Marie Martin dort geweiht. Die Erzdiözese Rouen zählt damals etwa 800 000 Gläubige und hat mehr als 700 Kirchen.

Es ist eine stark industrialisierte Region mit Massen von Arbeitern, die sich allerdings von der Kirche entfernt haben. Nach seiner Weihe wird Jacques Hamel zunächst Vikar in Saint-Antoine-du Petit-Quevilly, einer Pfarrei auf dem linken Seineufer von Rouen. Einige Jahre später trifft er seinen Studienkollegen Paul Flament, der meint, die Begegnung mit den Leuten falle seinem Mitbruder Hamel nicht immer leicht: „Er beklagte sich, dass die Kinder nicht in die Kirche kommen. Ein wenig machte man sich über ihn lustig. Er musste lernen, die Leute so zu lieben, wie sie waren, und nicht, wie sie sein sollten." Aber Jacques Hamel stellt sich wie immer auf diese Gegebenheiten ein und lernt, damit besser umzugehen. Es ist die Zeit des Zweiten Vatikanischen Konzils. Der Erzbischof nimmt daran teil und interessiert sich besonders für die Ökumene, da er Verbindungen zur anglikanischen Kirche unterhält. Wie die anderen Priester verfolgt Jacques Hamel die Nachrichten aus Rom mit Interesse und Leidenschaft. Er ist bereit sich zu öffnen und fügt sich ein, besonders in die neuen Formen der Liturgie. Die Konstitution „Sacrosanctum concilium", die am 4. Dezember 1963 verkündet wird, besiegelt die Liturgiereform, die durch die Liturgiebewegung in Frankreich und anderswo schon lange gewünscht und vorbereitet worden war.

Die Teilnahme der Gemeinschaft der Gläubigen, die die Liturgie mitfeiern, wird stark unterstützt. Der Priester zelebriert von nun an mit dem Blick zur Gemeinde, nicht etwa aus klerikaler Selbstdarstellung, sondern um das ‚Wir' der feiernden Gemeinde zu unterstreichen. Ohne den Gebrauch des Lateinischen ganz abzuschaffen, bekräftigt die Konstitution vor allem, „dass der Gebrauch der Landessprache oft sehr nützlich für das Volk sein kann".

„Wie soll man den Glauben weitergeben, wie ihn ausdrücken und ihn auf das Wesentliche bringen? Die großen Fragen der Zeit führten zu einer Erneuerung in der Liturgie und in der Katechese." So erinnert sich Pfarrer Cousineau an die Erwartungen seiner Generation in diesen Jahren.

Seit 1964 wird die Liturgie auf Französisch gefeiert. Für Pfarrer Hamel ist die Eucharistie der Höhepunkt seines Priesterlebens. Er zelebriert die Liturgie mit großer Sorgfalt, immer singt er dabei mit seiner schönen Stimme. Für ihn ist es aber auch wichtig, dass die Gemeinde singend teilnimmt. Außerdem ist er glücklich, dass das Tragen der Soutane nicht mehr verpflichtend ist. Später wird er sich immer auf einfachste Art kleiden. Man sah ihn nicht mehr mit dem ‚römischen Priesterkragen'. Tatsächlich führt Pfarrer Hamel im Privaten einen sehr einfachen und nüchternen, fast franziskanischen Lebensstil. Er hat Angst vor allem, was nach Luxus aussehen könnte, wie Autos, Reisen, neue Kleider. „Dieser Pulli, diese Hose passen mir immer noch sehr gut; ich werde nicht magerer und nicht dicker, warum sollte ich mir etwas Neues zum Anziehen kaufen?"

Kritisch, aber kirchentreu

Die Neupriester des Jahrgangs 1958 bilden eine zusammengeschweißte Gruppe. Sie kommen weiterhin zu „Kurstreffen" zusammen, wie sie ihre jährlichen Zusammenkünfte nennen. „Bei einem dieser Treffen habe ich Pfarrer Hamel kennengelernt", sagt Pfarrer Jean de Blangermont, ein Diözesanpriester aus Rouen, der ebenfalls 1958, allerdings in Paris, geweiht worden war, wo er studiert hatte.

„Sie erinnerten sich da gern an Geschichten aus dem Seminar, die ich nicht erlebt hatte. Pfarrer Hamel aber war diskret und nicht gerade derjenige, der am meisten über diese Dinge erzählte." Eines Tages will Erzbischof Martin, der 1968 Kardinal werden sollte, sie besuchen. „Es war in den 1960er Jahren. Der Erzbischof kam mit Chauffeur in seinem Citroën DS an", erinnert sich Pfarrer Flament. Da haben wir alle sein schönes Auto kritisiert, das für unseren Geschmack viel zu luxuriös war. Sollte das die Schlichtheit der Kirche sein? Diese Anekdote spricht deutlich vom Geist dieser Epoche, auch von der Spiritualität dieser Generation. Pfarrer Hamel ist einer davon, allerdings weit davon entfernt, ein aufsässiger oder ideologischer Priester zu sein; er hält sich an die Einfachheit und Armut. „Bei dieser Generation passte der Gedanke der Armut zu einer gewissen Behutsamkeit", bemerkt der Generalvikar Maheut. „Sie pflegten eine kritische Haltung gegenüber der Prachtentfaltung der Kirche."

Im Jahr 2008 werden die Priester des Weihejahrgangs 1958 zur Feier ihres goldenen Priesterjubiläums in die Kathedrale von Notre-Dame de Rouen eingeladen. Dabei bittet Pfarrer Flament, der wohl kritischste Vertreter seiner Generation, unüblicherweise um das Wort. Ein Satz dieser Rede blieb im Gedächtnis aller aus der katholischen Gemeinde von Rouen haften: „Keiner aus unserer Generation hat sein Priesteramt aufgegeben und keiner von uns ist Domherr geworden", fügte er mit einem gewissen Stolz hinzu.

Pfarrer Hamel hatte sich diesem Geist ganz und gar verschrieben", meint Generalvikar Maheut. „Einerseits lebten sie eine unerschütterliche Treue, andererseits auch ein gewisses Misstrauen gegenüber dem Prunk der Kirche."

Er ist ein Sohn des Zweiten Vatikanischen Konzils. Er will ein Priester sein, der gemäß den Anfangsworten der Konstitution ‚Gaudium et Spes' „Freude und Hoffnung, Trauer und Angst der Menschen von heute" mitlebt. Die Diözese von Rouen bemüht sich außerdem um die Umsetzung des ‚aggiornamento' der Kirche. Im Jahr 1968 beruft Kardinal Martin eine Diözesansynode ein, bei der die aktuellen Herausforderungen für die Priester, Laien, Pastoral, Liturgie und Glaubenslehre erörtert werden.

Es ist eine Zeit großen Wandels in der europäischen Gesellschaft. Wie auch anderswo stellt man in Rouen ein starkes Nachlassen der religiösen Praxis fest, die mit der immer schneller werdenden Urbanisierung und einem immer individualistischeren Lebensstil einhergeht. Eine Umfrage über die religiöse Praxis stellt fest, dass die Diözese Rouen kein „christliches Gebiet mehr ist". Unter dem neuen Bischof André Pailler, dem Nachfolger Martins im Jahr 1968, versucht die Pastoral sich dieser neuen Realität zu stellen.

3. Pfarrer in der Peripherie

Nach einiger Zeit in Sotteville-lès-Rouen als Vikar in der Pfarrei Notre-Dame de Lourdes Anfang der 1970er Jahre wird Jacques Hamel 1975 zum Pfarrer von Saint-Pierre-lès Elbeuf ernannt. Nun ist er 45 Jahre alt. Wie die anderen Gemeinden, in denen er seinen Dienst ausgeübt hat, befindet sich diese Pfarrei ebenfalls in der Peripherie von Rouen, am linken Seineufer. Die dortigen Arbeiterviertel sind geprägt von überdurchschnittlich hoher Arbeitslosigkeit und Immigration. Mit weniger als fünf Prozent Kirchenbesuchern befindet sich die religiöse Praxis dort im freien Fall. Die Historikerin Nadine-Josette Chaline, die 1976 eine ‚Geschichte der Diözese von Rouen' veröffentlicht, zögert nicht, diese industrialisierten Viertel Rouens als „wirkliche religiöse Wüsten" zu bezeichnen. Ein weiteres Mal passt sich Pfarrer Hamel an die Situation an: Er steht im Dienst seiner Kirche, ist aber gleichzeitig offen für die sozialen Veränderungen. Inwieweit ist die Entscheidung für die Peripherie seine eigene? „Er ging einfach da hin, wo man ihn hinschickte", denkt Paul Flament. „Man hat zwar immer das Recht, eine Versetzung abzulehnen, aber Jacques wurde wohl dorthin gesandt, wo andere nicht hingehen wollten."

Sosehr Pfarrer Hamel gegen sich selbst herb und streng ist, so sehr ist er anderen gegenüber großzügig. In seiner einfachen und zugänglichen Art als Seelsorger entwickelt er eine besondere Aufmerksamkeit für die Ausgeschlossenen. Seine Nichte Angélique erinnert sich: „Alle möglichen Leute klopften an seine Tür. Arme jeder Art, Obdachlose, Haftentlassene. Wenn wir in den Ferien bei ihm waren, machte uns das sogar ein bisschen Angst. Aber er kam allen entgegen: Er gab ihnen ein bisschen Geld oder versuchte ihnen Orientierungshilfen zu geben."

Solche bodenständigen Pfarrer wie Jacques Hamel ähneln in ihrem treuen und bescheidenen alltäglichen Dienst tatsächlich jenen Bäumen, die die Erde einer Pfarrei oder eines Viertels zusammenhalten. Sie verhindern Erdrutsche, die soziale Erosion. Es ist eine stille Anwesenheit, die man kaum bemerkt. Sind sie aber nicht mehr da, bemerkt man erst ihren großen humanisierenden Einfluss.

Der Geist von Assisi

Was Pfarrer Hamel außerdem kennzeichnet, ist sein Interesse an der Weiterentwicklung der Kirche im theologischen Denken. „Zu seinem Silbernen Priesterjubiläum im Jahr 1983 wünscht er sich theologische Bücher als Geschenk", erinnert sich Michel François, ein Ehemaliger, der vor seiner Weihe das Seminar verlassen hatte und mit ihm freundschaftlich verbunden geblieben ist.

„Das zeigte ihn, wie er war: ein aufgeschlossener Mensch, der sich dafür interessieren wollte." Die Mitbrüder seiner Generation bestätigen: „Ja, die Debatten interessierten uns weiterhin, sie belebten unsere Diskussionen", sagt Pfarrer de Blangermont.

Die 1980er Jahre sind die Zeit von Papst Johannes Paul II., sie erinnern Frankreich an seine Taufe und stellen sich der Herausforderung einer Neuevangelisierung in Europa. „Er war sehr beeindruckt von diesem Papst", erinnert sich seine Nichte Angélique. „Er bewunderte seinen Einfluss in der Welt und die Wege, die er ging, vor allem auf die Jugend hin.“ Im Oktober 1986 ruft Johannes Paul II. im Zeichen des Friedens die Oberhäupter der christlichen Kirchen und der großen Weltreligionen nach Assisi zusammen.

Er gibt so dem Dialog der katholischen Kirche mit den anderen großen religiösen Traditionen eine neue Dimension, ganz auf der Linie der Erklärung ‚Nostra Aetate‘ des Zweiten Vatikanischen Konzils. Dieser Geist von Assisi lässt eine Reihe von Initiativen zum interreligiösen Dialog auf lokaler Ebene entstehen. Das ist vor allem auch in Rouen der Fall, wo die interreligiöse Gesellschaft ACRIP gegründet wird. Pfarrer Hamel ist nicht in vorderster Reihe dabei, aber er folgt deren Reflexionen und Denkanstößen mit Interesse. Besonders die Frage des Zusammenlebens mit den Muslimen, die in der Peripherie von Rouen immer mehr werden, ist für ihn wichtig.

Der Erzbischof der Diözese ist zu dieser Zeit Msgr. Joseph Duval, der 1981 Pailler nachfolgt und bis 2003 im Amt bleibt. Er teilt die Position seines Onkels, des Kardinals Léon-Etienne Duval, des Erzbischofs von Algier, der der Vorreiter des Dialogs mit den Muslimen ist. Die beiden Prälaten verbringen gerne zusammen ihre Sommerferien im Haus der Familie in Chênex, in Savoien. In Rouen wird Msgr. Duval alle Initiativen des Dialogs und der interreligiösen Begegnung unterstützen, die das gegenseitige Kennenlernen und den Respekt vor dem anderen fördern.

Pfarrer Hamel bleibt dreizehn Jahre in Saint-Pierre-lès-Elbeuf. In sein Pfarrhaus, ein ehemaliges Nebengebäude des Schlosses, nimmt er zu dieser Zeit seine Mutter auf, die bei ihm die letzten dreizehn Jahre ihres Lebens verbringen wird. Wie es oft bei Priestern der Fall ist, hat Jacques eine sehr enge Verbindung zu seiner Mutter. Sie sorgt für ihn, kümmert sich ein bisschen mehr um seine Kleidung und er sorgt für sie, besonders als sie gegen ihr Lebensende krank wird.

Persönliche und pastorale Herausforderungen in Cléon

Nach dem Tod seiner Mutter wird er 1988 Seelsorger der Pfarreien Freneuse und Tourville in Cléon. Diese Jahre sind nicht die leichtesten im Leben von Pfarrer Hamel. Er ist deprimiert, zieht sich zurück und regt sich leicht auf. „Er hatte damals einen Hund", erinnert sich sein Mitbruder de Blangermont. „Den brauchte er irgendwie, um sich ein bisschen vor den Leuten zu schützen. In dieser Zeit war er etwas verschlossen."

„Für einen Priester mag das etwas erstaunlich sein, aber es zeigt, wie eng er mit seiner Mutter verbunden war", bestätigt seine Schwester. Auch wenn er Priester war, so war er vor allem Mensch. „Er ließ sich gehen, die Leute hielten ihn für unglücklich." Zum Glück entwickelte er nach und nach eine sehr innige Verbindung zu seiner jüngsten Nichte Jessica.

Viele Leute aus der Pfarrei sorgen für ihn, trotz der offensichtlichen Schwierigkeiten lieben und schätzen sie ihn. So wird er oft von der Familie Tocco zum Essen eingeladen. Der 80-jährige Sarde Marc und die 73-jährige Nicole beschreiben ihn als heiligen Menschen, der zurückhaltend, aber sehr tiefsinnig war. Sie schätzten sein

Taktgefühl. „Zu jedem Geburtstag schickte er unserer Tochter Blumen. Er war von großer Aufmerksamkeit den Menschen gegenüber. Das Ehepaar lud dann manchmal auch Pfarrer Pierre Leplay ein, der mit ihm 1958 geweiht worden war. „Wir schätzten deren beiderseitiges Einverständnis und ihre Freundschaft sehr."

Mit seiner Pfarrei engagiert sich Pfarrer Hamel für die vom Erzbischof einberufene große Diözesanversammlung, um das Jahr 2000 in den Blick zu nehmen. Das wird ein großer Erfolg: Am 18. April 1993 versammeln sich mehr als 5000 Teilnehmer auf dem Messegelände, um den Weg für die nächsten Jahre zu diskutieren.

In der Kirche Frankreichs stellt Msgr. Duval, der zweimal (1990 und 1993) zum Vorsitzenden der Bischofskonferenz gewählt worden war, eine alternative Linie zu der von Kardinal Jean-Marie Lustiger, dem Erzbischof von Paris, dar. Für diesen stehen die Fragen der Ethik und die kulturelle Wertedebatte stärker im Mittelpunkt. Duval dagegen versucht eine christliche Gemeinschaft im Dialog mit der Gesellschaft aufzubauen. Bei der Eucharistiefeier am Ende der großen Diözesanversammlung spricht er den dringenden Appell aus, „Christus wieder mehr wahrzunehmen und entschlossen und einmütig die Mission anzunehmen, die er uns anvertraut". Pfarrer Hamel wird sich diesen Appell zu Herzen nehmen mit seinem entschlossenen Vorgehen, das er immer an den Tag legte – in enger Verbundenheit mit der ganzen Kirche. Obwohl Cléon am rechten Seineufer liegt, ist es dennoch ein Arbeiterviertel der Peripherie von Rouen. Dort ist auch eine große Renaultfabrik, eines der Hauptwerke des Konzerns für die Motoren- und Getriebeherstellung. In diesem Zusammenhang wird eine Anekdote erzählt, welche die Lebensart von Pfarrer Hamel deutlich veranschaulicht. „Als ich im Jahr 2000 sein Nachfolger wurde, kam ich in meinem Citroën an. Er hat mich sofort wissen lassen, dass das hier überhaupt nicht geht", erinnert sich Maheut. „Hier muss man einen Renault fahren", sagte Hamel. Tatsächlich fuhr er immer einen Renault, ein altes Modell ohne Elektronik, das er bei Bedarf selbst reparierte.

Die Märtyrer von Tibhirine

In den 1990er Jahren ist wieder Krieg in Algerien, diesmal zwischen der Islamischen Heilsfront FIS und der Militärregierung, die die Macht ergriffen hat. Jacques Hamel verfolgt diese Ereignisse angespannt. Er denkt über Frieden und das Zusammenleben nach. In seinen Adventsmeditationen des Jahres 1995 kann man lesen: „Als Volk Gottes sind wir solidarisch mit dem Streben der gesamten Menschheit. Wie soll man dazu beitragen, die Erde zu ihrer Vollendung zu führen, wenn wir uns nicht dafür interessieren? Um aus dem Chaos der Gewalt herauszukommen, müssen wir wissen, dass wir miteinander leben müssen. Der Herr selbst hat auf unserer Erde geweilt, es ist Zeit zu zeigen, dass wir Brüder sind und dass es einen Ausweg gibt."

Als 1996 die Trappistenmönche von Tibhirine entführt und ermordet werden, verfolgt er dieses Geschehen voller Trauer. Er stellt sich viele Fragen über ihre Entscheidung, trotz der Gefahren dort zu bleiben, und über die Tatsache, dass man ihnen die Kehle durchgeschnitten hat, obwohl sie der muslimischen Bevölkerung dort nur Gutes getan hatten. „Warum wollte man um jeden Preis das Gute, das sie getan hatten, unterdrücken?", fragt er sich. Er hat große Achtung vor dem Mut und der Selbstverleugnung der

Mönche und stellt sich gleichzeitig Fragen über die Macht des Bösen und den Sinn dieses Martyriums.

Lange denkt er über das aufrüttelnde Testament des Priors Frère Christian de Chergé nach. Es ist ein Text, der dieses Ende des 20. Jahrhunderts geprägt hat:

> *„Ich habe genügend lange gelebt, um zu wissen, dass auch ich Komplize des Bösen geworden bin, das – leider – in der Welt die Oberhand zu behalten scheint, Komplize gar dessen, der mich dereinst blind erschlagen wird. Ich möchte, wenn dieser Augenblick kommt, so viel ruhige Klarheit haben, dass ich die Verzeihung Gottes und meiner Menschengeschwister anrufen kann, aber ebenso, dass ich dem aus ganzem Herzen vergeben kann, der mich umbringen wird. Ich kann einen solchen Tod nicht wünschen. Es scheint mir wichtig, das zu bekennen. – Ich sehe nicht, wie ich mich freuen könnte, dass dieses Volk, das ich liebe, ohne Unterschied wegen meiner Ermordung angeklagt wird. Das, was man „die Gnade des Martyriums" nennen mag, ist zu teuer bezahlt, wenn man sie einem Algerier schuldet, wer dieser auch immer sei. Vor allem dann, wenn er sagt, er handle aus Treue zu dem, was er für den Islam hält."*

‚Von Menschen und Göttern' wird einer der Lieblingsfilme von Jacques Hamel werden. Aber wer hätte jemals gedacht, dass ihm das gleiche Schicksal bestimmt war?

Ein einfaches und beeindruckendes Leben

Man könnte sagen, die kirchliche Laufbahn von Pfarrer Hamel stellt ein fast banales, geschichtsloses Leben dar. Aber es ist ein Leben in Treue zur Kirche und zu den Gedanken des Konzils inmitten der Krise, die die katholische Kirche in Westeuropa in diesen Jahren durchlebt.

Wie viele seiner Mitbrüder will er in dieser Zeit immer offen sein zu dienen. Er feiert die Eucharistie mit Würde. Wie er es gewohnt ist, bereitet er seine Predigten sorgfältig vor. Er arbeitet mehr als zwei Stunden daran, sucht die passenden Worte. Die Eucharistie erlaubt ihm wirklich, ein außergewöhnliches Leben zu führen inmitten des Alltagstrotts. Die Sakramente sind der Mittelpunkt seiner Seelsorge, sie erlauben ihm, vielen Leuten zu begegnen, sogar über den eigenen Kreis der treuen Gemeindemitglieder hinaus. Was für feierliche Hochzeiten, Taufen, Begräbnisse! Zahlreiche Leute schätzen die Anwesenheit eines Priesters in einem bestimmten Moment oder Wendepunkt ihres Lebens. Nach seinem Tod werden viele sagen, dass sie Pfarrer Hamel kennengelernt und geschätzt haben, wie jener Journalist von France 3, der erschüttert über ihn sagt, dass er von ihm getauft worden ist.

Ein Katholik aus der Gegend von Verdun bezeugt schriftlich nach Hamels Tod: „Meine Frau und ich haben ihn gut gekannt. Jacques Hamel war unser Pfarrer, als wir in einem Vorort von Rouen wohnten. Er war ein Mensch des Friedens, ein sehr bescheidener Mensch. Oh, er war kein großer Redner oder großer Theologe! Nein, er wollte niemals im Rampenlicht stehen. Er war ein bodenständiger Pfarrer, der geduldig und getreu seinen Acker bestellte. Sein ganzes Priesterleben hat er auf Seiten der Armen in den Arbeitervierteln von Rouen verbracht. [...] Wir haben diesen Pfarrer geliebt, seine Güte und Bescheidenheit rührten uns, sein Gesicht strahlte Liebe und Zärtlichkeit aus. Sein Leben ist einfach, aber er berührt das Herz derer, die ihm begegnen."

4. Treu bis zum letzten Atemzug

Im Jahr 2000 kommt Pfarrer Hamel nach Saint-Etienne-du-Rouvray auf das linke Seineufer, als die beiden Kirchen Sainte-Thérèse und Saint-Etienne in einer Pfarreiengemeinschaft zusammengeschlossen werden. Die Pfarrei Saint-Etienne hat zwar die Ehre, nach dem ersten christlichen Märtyrer Stephanus benannt zu sein, ist aber weit davon entfernt, eine ‚katholische Hochburg' zu sein. Die Gemeinde ist stark von den dort lebenden Arbeitern geprägt und hat seit 1953 kommunistische Bürgermeister. Nachdem die Rechte keinen Kandidaten aufgestellt hat, wird der amtierende Bürgermeister Hubert Wulfranc 2014 im ersten Wahlgang mit 84, dann mit 90% der Stimmen wiedergewählt. Der Stadtteil ist besonders durch die Einwanderung geprägt: Zuerst waren es Italiener und Portugiesen, später kamen dann Leute aus dem Maghreb und Schwarzafrika ner. Jacques Hamel wird zunächst zum leitenden Priester ernannt, im Jahr 2005, im Rentenalter, wird er zum mitarbeitenden Priester. Er ist dabei bei weitem nicht der einzige Priester seiner Generation, der sein Amt über die Altersgrenze von 75 Jahren hinaus ausübt. Einige dienen der Pfarrei weiter als Verwalter, andere als mitarbeitende Priester, wenn ein jüngerer nicht zur Verfügung steht.

„Nicht mehr die letzte Verantwortung für eine Pfarrei zu haben, hat ihn erleichtern müssen. Er ist später viel entspannter geworden", meint Nicole Tocco.

In der Pfarrei Saint-Etienne trifft Jacques Hamel das Ehepaar Velardita, das dort während seiner letzten Jahre zu seinen besten Freunden zählt. Maria und Sébastien, ein Sizilianer, der in die Region von Rouen eingewandert war, weil er dort seine Frau kennengelernt hatte, erinnern sich genau an die erste Begegnung mit Pfarrer Hamel: „Nachdem wir als Kaufleute in Rente gegangen waren, haben wir auf einmal angefangen, etwas öfter sonntags in die Kirche zu gehen.“ Vorher hatten sie dafür zu wenig Zeit gehabt, weil Samstag und Sonntag die besten Tage für das Geschäft waren. Eines Tages wird die Kirche nach Renovierungsarbeiten wegen eines Kirchenbrandes wieder geöffnet. Noch im Priestergewand geht Pfarrer Hamel nach der Messe hinter ihnen her und fragt Sébastien: „Entschuldigen Sie, Monsieur, würden Sie gerne der Gemeinde einen kleinen Dienst erweisen?“ Der gerade erst Pensionierte ist einverstanden unter der Bedingung, dass seine Frau mit ihm kommen kann. Das bedeutete den Beginn einer 14-jährigen engen Zusammenarbeit: er als Mesner und Mann für alle Fälle, sie als Ministrantin, Lektorin, kurz, als Frau für alle Fälle.

„Es muss ihn wirklich viel Überwindung gekostet haben, uns die Bitte zu stellen, denn eigentlich war er sehr scheu“, erzählen Maria und Sébastien. „So hat er lange Zeit Sébastien nicht mit dem Vornamen angeredet, ganz einfach: Er traute sich nicht.“

Von seinen Mitarbeitern verlangt Pfarrer Hamel viel, so wie auch von sich selbst. „Von außen betrachtet, konnte er streng erscheinen, aber wenn man ihn besser kannte, verstand man, dass das gar nicht seine Art war.“ Im Laufe der Jahre schätzt ihn das Ehepaar Velardita immer mehr als einen „aufrichtigen Mann, einen Priester vom alten Schlag, als einen, der immer zum Dienen bereit war und ein großes Herz hatte“.

Pfarrer Hamel zeigt auch immer eine große Liebe zu den Kindern, die ihm sehr am Herzen liegen. Er hat ein gutes Gedächtnis und pflegt persönliche Beziehungen. Zahlreich sind die Kinder im Viertel, die sich an ihn erinnern, weil sie von ihm getauft wurden oder weil sie bei ihm Religionsunterricht hatten. So zum Beispiel die siebenjährige Clara, die von Pfarrer Hamel kurz nach ihrer Geburt getauft wurde. „Weil sie mit einem Herzproblem auf die Welt kam, wollten wir, dass sie möglichst schnell getauft wird“, erzählt ihre Mutter Christelle Croquesel. In den letzten Jahren erinnerte ihn Clara immer wieder daran, dass sie das jüngste seiner Taufkinder ist, und gab ihm einen dicken Kuss. Das hatte er natürlich sehr gern.“ Mathias, der elfjährige Bruder von Clara, ging samstags zur Katechese bei Pfarrer Hamel. Er fasst seine pädagogische Art so zusammen: „Er erzählte eine Geschichte und erklärte sie dann. Man musste gut zuhören, aber er war sehr nett.“

Seine Beziehung zu den Kleinsten der eigenen Familie war für ihn ebenfalls sehr wichtig. Wie gerne spielte er mit seiner kleinen Lieblingsnichte Gabrielle! Mit seinen 85 Jahren setzte er sich zu ihr auf den Boden, um mit ihr zusammen zu malen, oder er tat so, als esse er die ‚Suppe‘ aus Steinchen, die die Kleine in ihrer Puppenküche zubereitet hatte.

Außer dass sie ihm helfen und manche Dienste übernehmen, freunden sich Maria und Sébastien mit dem etwa gleichaltrigen Priester an. „Er wurde zu unserem geistigen Vater, wir wurden unzertrennlich und gehörten zu einer Familie.“ Oft laden sie ihn nach der Messe zum Essen ein. Als Köchin sagt Maria: Obwohl er nicht gerade stämmig war, war er ein guter Esser. Er lehnte niemals etwas ab, außer Kuttelwurst und Innereien." Für Sébastien hat Pfarrer Hamel trotz seiner Einfachheit und Nüchternheit auch eine Seite als angenehmer Gast. „Immer ein kleiner Aperitif und wenn es heiß war, lehnte er auch ein Glas Roséwein nicht ab. Wenn es kalt war, nahm er zum Kaffee gerne auch einen kleinen Calvados, nach guter normannischer Tradition."

Begegnungen mit der muslimischen Gemeinde

Im Stadtteil Saint-Etienne-du-Rouvray besteht die bedeutendste muslimische Gemeinde der Peripherie von Rouen, die vor allem durch die Einwanderung aus Algerien und Marokko entstanden ist. Auf der Höhe von Madrillet steht neben der Metrostation die wichtigste Moschee des Gebietes, die Yahia-Moschee. Sie befindet sich direkt hinter der Kirche Sainte-Thérèse.

Für einen symbolischen Franc hat die Pfarrei ein Grundstück abgetreten, um den Zugang zur Moschee zu erleichtern. Zwischen der Pfarrei und der Moschee entwickelt sich eine sympathische Nachbarschaft. Wenn die Moschee einen Raum braucht, stellt die Gemeinde gerne ihren Pfarrsaal zur Verfügung. Alle drei Monate werden Treffen zwischen Pfarrei und Moschee organisiert. Vor allem die anderen Priester, zuerst Jean-Marie Héricher und auch Pierre Belhache, kümmern sich um die Beziehungen zur benachbarten muslimischen Gemeinde. Aber auch Pfarrer Hamel beginnt diese zu besuchen. Ohne Vorkämpfer des christlich-islamischen Dialogs zu sein, nimmt er mit einer gewissen Regelmäßigkeit an Treffen und Versammlungen teil. „Am Anfang erschien er mir beinahe kühl, so diskret war er“, erzählt Mohammed Karabila, der Vorsteher der Moschee. „Aber dann habe ich schnell begriffen, dass er, ohne es zu sagen, die Leute liebte.“

Mehrere Male nimmt er die Einladung zum Aid al-Fitr an. Für Jacques Hamel ist der Gott der Muslime der gleiche Gott, den die Christen anbeten, denn er ist der Gott der Liebe und der Barmherzigkeit. „Der Gott der Terroristen ist ein Gott, der den Tod will. Das ist nicht der Gott des Islam“, sagt er immer wieder.

Als Priester, der die Ideen des Konzils angenommen hat, ist Pfarrer Hamel natürlich offen für den ökumenischen und interreligiösen Dialog. Er besucht nicht nur die Muslime der Gegend, sondern gelegentlich auch die jüdische Gemeinde.

Michael Bitton, der Rabbiner von Rouen, erinnert sich, ihn bei einem Gedenken an die Razzien gegen die Juden im Jahr 1941 gesehen zu haben. „Er war gekommen, um uns seine Solidarität zu erweisen.“ Der Rabbiner kennt ihn nicht besonders gut, aber er weiß um seinen Ruf: „Er war ein Mann Gottes, was er tat, war nicht nur von Berufs wegen, sondern viel mehr.“

Geistige Offenheit

Trotz seines fortgeschrittenen Alters und seiner Vorliebe für eine gewisse Strenge bleibt Pfarrer Hamel für Neuerungen offen. Am Morgen des 16. Oktober 2011 geht er in das Pfarrhaus von Sainte-Thérèse, um dort Pater Auguste Moanda Phuati zu begrüßen. Dieser Redemptoristenpater aus dem Kongo war zum Gemeindepfarrer ernannt worden. Die Diözese Rouen, in der der

Priestermangel immer spürbarer wird, beruft gerne afrikanische Priester, die zwar manchmal von der stark säkularisierten europäischen Kirche weit entfernt sind, aber, weil sie französisch sprechen, leicht in die Seelsorge vor Ort eingebunden werden können. Pfarrer Auguste erinnert sich an den warmen Empfang, den ihm Pfarrer Hamel bereitete, „der aber so alt wie mein Vater ist“. Zwischen den beiden Männern wird eine erfolgreiche Zusammenarbeit entstehen. „Für mich war es nicht immer leicht, die Gebräuche und Besonderheiten in der Seelsorge zu verstehen, wie sie hier in Frankreich üblich sind“, gesteht Pfarrer Auguste.

„Jacques war immer da, um mir alles zu erklären und mir Ratschläge zu geben, wenn ich sie brauchte.“ Für Pfarrer Hamel, der keine Erfahrungen mit Afrika südlich der Sahara hat, stellt die Zusammenarbeit mit dem deutlich jüngeren afrikanischen Mitbruder eine weitere Umstellung dar. Jacques respektiert die Entscheidungen des neuen Pfarrers, dem die Gemeindeleitung anvertraut ist. „Wenn er nicht einverstanden war, fand er die richtigen Worte, jedoch ohne sich aufzudrängen“, erinnert sich Janine Coponet. Er ermutigt den Pfarrer, bei den Diözesankonferenzen schweigt er und überlässt Pater Auguste die Aufgabe, die neuen Entwicklungen in der Pfarrei zu erklären. Danach stimmt er ihm zu.

Im März 2013 freut sich Pfarrer Hamel über die Wahl von Franziskus zum Papst. Der Stil des neuen Papstes, seine Schlichtheit und seine Entscheidung, nicht im päpstlichen Palast zu wohnen, gefallen ihm. Er ist hingerissen von diesem Papst, der eine Art hat, geradeheraus zu sprechen, und der den Armen und Verfolgten besondere Aufmerksamkeit schenkt. Er verfolgt auch mit Interesse die Diskussionen der Familiensynode. Er ist selbst Sohn geschiedener Eltern, hat viele Paare sich trennen sehen, in seiner eigenen Familie und in seiner Gemeinde. Seine Schwester Roséline erinnert sich: „Man konnte mit ihm darüber reden. Er verteidigte und erklärte die Position der katholischen Kirche, den wiederverheirateten Geschiedenen den Empfang der Kommunion zu verweigern. Aber als ich ihm mit meinen eigenen Argumenten antwortete, hörte er aufmerksam zu und sagte schließlich: ‚Die Kirche entwickelt sich weiter, aber es gibt noch viele Bereiche, in denen sie sich ändern muss'." Der Priester, der die Ordnung und die klaren Regeln liebt, liebt auf seine alten Tage schließlich die Menschen, so wie sie sind und nicht, wie sie sein sollten.

Das Leiden Christi

Pfarrer Hamel macht keine großen Reisen. Sein ganzes Priesterleben lang dient er in der Normandie. Seine Ferien verbringt er in Frankreich. Nach seinem Militärdienst in Algerien hat er sein Heimatland nicht mehr verlassen. Der Plan, nach Rom zu fahren, um den Papst zu sehen, wird sich schließlich nicht mehr erfüllen. „Für ihn war das Reisen nicht sehr wichtig, er fand das zu luxuriös. Außerdem hatte er immer Wichtigeres im Sinn", sagen seine Vertrauten. Erst kurz vor seinem Tod nimmt er 2013 an einer Pilgerfahrt ins Heilige Land mit einer Gruppe aus der Diözese Rouen teil. „Das war die Reise seines Lebens. Er war begeistert, die Orte der Anfänge des Christentums aufzusuchen", sagt seine Nichte Angélique Delaporte. Vor allem war die ‚Via Dolorosa' sehr bedeutsam für ihn. Er versetzt sich in das Leiden Christi, das Geheimnis seines Todes am Kreuz. Nach seiner Rückkehr sieht er sich den Film ‚Die Passion Christi' an und ist tiefbeeindruckt. „Er litt mit dem Gekreuzigten, sein Gesicht verzerrte sich."

Sébastien Velardita meint: „Er sagte niemals ‚nein'. Als er eines Tages etwas müde aussah, und jemand ihn ansprach: ‚Aber Pfarrer Hamel, versuchen Sie das doch etwas ruhiger anzugehen', antwortete er: ‚Ich habe Gehorsam gelobt und ich werde bis zu meinem Tod weitermachen.'

Das ist einer der wenigen Augenblicke, in denen er seinen Tod erwähnt. Er spricht nicht gerne darüber. Er liebt das Leben, er möchte seine Großnichten und Großneffen aufwachsen sehen. Er freut sich des Lebens und macht ein bisschen Sport, selbst in hohem Alter. Kurz vor seinem Tod nimmt er an einem Lauf über acht Kilometer teil. Freilich denkt er von Zeit zu Zeit an den Tod. „Besonders wenn er eine Beerdigung halten musste. Und Gott weiß, wie viele er in seinen letzten Jahren gehalten hat. Manchmal waren es fünf in einer Woche. Bisweilen betrachtete er gedankenverloren das Geburtsdatum des Verstorbenen: ‚Er war jünger als ich …'", erinnert sich Maria Velardita.

Bei den Totenmessen singt er gerne: ‚An der Schwelle seines Hauses erwartet dich unser Vater und Gott wird dich mit offenen Armen empfangen.' In seinen letzten Jahren hält Pfarrer Hamel vor allem Aussegnungsfeiern. Aber eines Tages gesteht er seiner Schwester: „Und trotzdem werde ich mich nicht daran gewöhnen." Unerschütterlich ist sein Glaube an die Auferstehung. Das kann man auch in dem Pfarrbrief lesen, in dem er zu Ostern 2016 mit einfachen Worten schrieb: „Jesus, das Abbild der Güte Gottes ist bis zu den Grenzen der Liebe gegangen. ‚Es gibt keine größere Liebe, als wenn einer sein Leben für seine Freunde hingibt.' Und eine so große Liebe konnte nicht verloren gehen. Gott, sein Vater und unser Vater, hat sie zum Leben erweckt. Und in diesem Geheimnis des Glaubens ist jeder von uns auferstanden."

5. Für ein besseres Miteinander

Wie alle Franzosen ist er über die Welle des Terrorismus beunruhigt, die Europa und besonders Frankreich trifft. „Er sah, dass das nicht in die richtige Richtung führte", erinnert sich Maria Velardita. „Er sagte immer: ‚Diese jungen Leute wissen nicht, was sie tun.'"

Normalerweise schlief Pfarrer Hamel ‚wie ein Baby'. „Aber als ich ihn im Februar besuchte, sagte er, dass er neuerdings schlecht schlafe. Er sagte, er habe immer den gleichen Albtraum: dass er an der Kirchentür angegriffen werde inmitten allgemeiner Gleichgültigkeit."

Pfarrer Hamel bleibt überzeugt, dass nur der Dialog mit der muslimischen Welt zum Frieden führen kann. Nach dem Attentat auf die Zeitschrift „Charlie Hebdo" im Januar 2015 intensiviert er seine Kontakte und nimmt mehrfach an christlich-islamischen Begegnungen teil. Man findet diese Sorge um den Frieden und um das Zusammenleben in seinen einfachen Worten im Pfarrbrief für die Ferien:

„Könnten wir doch in diesem Moment die Einladung Gottes hören, uns um diese Welt zu kümmern und da, wo wir wohnen, Sorge zu tragen für eine wärmere, menschlichere, brüderlichere Welt! Auch eine Zeit des Gebets zu leben, dass wir aufmerksam sind für das, was in unseren Tagen geschieht. Beten wir für die Notleidenden, für den Frieden, für ein besseres Zusammenleben."

Weltweite Erschütterung

Die Geiselnahme an Gläubigen und der Mord an einem Priester während der Messe, das sind Nachrichten, die blitzschnell um die ganze Welt gehen. Vor allem an einem Sommertag im Juli, an dem es sonst wenige politische Nachrichten gibt. Noch vor der Befreiung der Geiseln und dem Ende ihres Albtraums wetteifern die Websites der ganzen Welt, diese Nachricht als ‚Breaking News' zu senden. In Frankreich unterbrechen die Fernsehsender ihr Programm für Sondernachrichten und Liveübertragungen aus Saint-Etienne-du-Rouvray. Der Hashtag *#JeSuis-Catholique* wird sofort über die sozialen Netzwerke verbreitet. Das andere Wort des Tages heißt ‚Märtyrer'.

Das Ehepaar Velardita, das wenige Meter entfernt von der Kirche in der Rue du Papillon wohnt, wird durch den Telefonanruf eines Nachbarn aufgeschreckt: „Was ist denn in eurer Kirche los? Macht schnell den Fernseher an!" Die Eheleute, wohl die besten Freunde von Pfarrer Hamel, sind immer in der Sonntagsmesse und bei anderen Gelegenheiten da, aber verzichten meist auf die Messe am Dienstag.

Als sie die Nachricht von der Tragödie hören, die sich keine hundert Meter entfernt abspielt, sind sie tief erschüttert. Der Mesner Sébastien eilt sofort zur Kirche, wird aber von der Polizei aufgehalten. Er muss nach Hause zurückkehren und hat noch heute Gewissensbisse: „Wenn ich da gewesen wäre, hätte ich …"

„Sie wollen Krieg ..."

Währenddessen sprengt plötzlich das Geschehen den örtlichen Rahmen und gewinnt nationale, ja internationale Dimensionen. Noch vor zwölf Uhr ist Staatspräsident François Hollande, der selbst aus Rouen stammt, ebenso wie der Innenminister Bernard Cazeneuve vor Ort. Unter diesem niederschmetternden Schock sind in Frankreich die ersten politischen Reaktionen kriegerischer Natur: „Wir stehen vor einer Gruppe, die uns den Krieg erklärt hat. Wir müssen diesen Krieg mit allen Mitteln führen", sagt François Hollande. „Unser Feind kennt keine Tabus. Wir müssen unerbittlich sein", meint auch Nicolas Sarkozy, der nochmals für das Präsidentenamt kandidiert. Der Bürgermeister von Saint-Etienne-du-Rouvray, der Kommunist Hubert Wulfranc, erklärt tief bewegt: „Lasst uns jetzt miteinander trauern und aus Respekt vor allen Menschen uns der Barbarei entschlossen entgegenstellen."

Das Rathaus, das dem Pfarrhaus gegenüberliegt, in dem Pfarrer Hamel gewohnt hatte, wird sofort zum Ort, an dem die Menschen Blumen und Gedenkbotschaften niederlegen. Ebenso auch der Platz vor der Kirche, wo sich das Drama abgespielt hatte, und vor dem Pfarrhaus.

Nach seiner Rückkehr in den Élysée-Palast hält Präsident Hollande am Abend folgende bemerkenswerte Rede: „Einen Priester zu töten, bedeutet die Republik zu entweihen, die die Meinungsfreiheit garantiert. Es bedeutet Angst zu säen, denn was die Terroristen wollen, ist, uns zu trennen, uns uneins werden zu lassen und auseinanderzureißen. Die Katholiken von Frankreich und der ganzen Welt und mit ihnen alle Franzosen – gleich welcher Konfession oder welcher Weltanschauung auch immer – sind tief erschüttert." Premierminister Manuel Valls meint, dass genau dies die Absicht des Attentats in einer Kirche sei: „einen Religionskrieg heraufzubeschwören."

Wenn der Dschihadismus, der sich selbst ‚Islamischer Staat' nennt, zum Ziel hat, Frankreich mit symbolischen Angriffen und einem Minimum an Vorbereitung und Mitteln zu schlagen, könnte er es kaum besser bewerkstelligen. Am 14. Juli hatte ein Terrorist hinter dem Steuer eines geliehenen Lastwagens in Nizza Tod und Schrecken verbreitet, als er ein Blutbad auf der Promenade des Anglais anrichtete. Was den Schock auslöst, ist außer der schwerwiegenden Bilanz der Opferung unschuldigen Menschenlebens die Symbolkraft der Tat: Der 14. Juli, das ist das Frankreich der republikanischen Werte: ‚Freiheit, Gleichheit, Brüderlichkeit', das tief getroffen wird. Das ist der schreckliche Anfang des ‚mörderischen Sommers', der in Frankreich und anderswo wüten wird.

Durch den Angriff mit gezogener Waffe auf einen alten Priester und eine Handvoll Gläubiger in einer Vorortkirche hat der Dschihadismus einen besonders großen Schock verursacht. Es ist nicht nur die offensichtliche Niedertracht der Art und Weise, sondern auch die Primitivität bei der Durchführung der Attacke: Hier ist es das katholische Frankreich an sich, das getroffen wird. In der Zielsetzung des „Islamischen Staats" soll sich der gewünschte Schlag gegen die Zivilisation offensichtlich zu einem Religionskrieg ausweiten. Der IS hatte schon im April 2015 damit gedroht, die französischen Christen anzugreifen. Ein geplantes Attentat auf einen Sonntagsgottesdienst in Villejuif im Département Val-de-Marne war nur mit knapper Not vereitelt worden. Um die Massen junger Muslime mitreißen zu können, ist es wichtig, sie glauben zu machen, sie würden von den Nichtmuslimen – Laien oder Gläubigen – abgewiesen. In dieser Hinsicht ist es in den Augen der Terroristen so grundlegend wichtig, die Christen so weit herauszufordern, dass sie sich auf die Logik des Schwarz-Weiß-Denkens und der Konfrontation einlassen.

„... doch wir werden ihn nicht führen"

Das ist aber nicht die Logik, der die Verantwortlichen der Kirchen folgen wollen. Beim Weltjugendtag in Krakau wird Msgr. Dominique Lebrun, seit einem Jahr Erzbischof von Rouen, über die tragischen Ereignisse in seiner Diözese informiert. Seine Reaktion ist so unerschütterlich wie prompt: „Ich rufe zu Gott mit allen Menschen guten Willens. Ich wage es, auch die Nichtglaubenden einzuladen, sich diesem lauten Ruf anzuschließen", sagt er in einer Erklärung, bevor er sofort in seine Diözese zurückkehrt.

„Die katholische Kirche kann keine anderen Waffen ergreifen als das Gebet und die Geschwisterlichkeit unter den Menschen." Die Weigerung, Böses mit Bösem zu vergelten, ist der Leitfaden der ersten Erklärungen der Verantwortlichen in der Kirche. Msgr. Lebrun denkt auch an die Angreifer, er spricht sogar von drei Opfern.

Groß ist der Schock in Krakau, wo Hunderttausende junger Katholiken aus der ganzen Welt gerade ihren Glauben mit Papst Franziskus feiern. Eine ähnliche Situation entstand beim Weltjugendtag 2005 in Köln, als die Nachricht vom Tod von Frère Roger aus Taizé kommt, der während des Gebets von einer verwirrten Frau mit dem Messer angegriffen worden war. Aber zu dem Ausmaß der

Gewalt eines durch sinnloses Blutvergießen entweihten Gotteshauses kommt noch das Ausmaß dschihadistischer Gewalt hinzu, die einen Diener Christi zum Ziel hat, um den Abstand zwischen Christentum und Islam zu vertiefen. Bemerkenswert ist, dass die in Krakau versammelten jungen Leute sich weigern, sich in diese Gewaltspirale hineinziehen zu lassen. Die Empörung ist echt, doch man vernimmt kein Wort der Rache. Die Devise ist vielmehr, das Böse durch die Liebe zu besiegen und auf die Gewalt mit Frieden zu antworten. „Sie wollen den Krieg, aber wir werden ihn nicht führen", sagt ein junger Katholik.

Heutzutage erscheint dieses friedliebende und dialogbereite Wort der katholischen Kirche als selbstverständlich, aber das war nicht immer so.

Aus historischer Sicht muss man anerkennen, dass es sich hier um ein unglaubliches Phänomen handelt, das zeigt, wie sehr sich die jungen katholischen Generationen den Geist des Dialogs zu eigen gemacht haben. Es ist der Geist des Zweiten Vatikanischen Konzils, es ist der Geist von Assisi. Die französische Kirche setzt darauf, auf die Gewalt mit einer spirituellen Haltung und mit Gebet zu antworten. Von Krakau aus lädt der Vorsitzende der französischen Bischofskonferenz, Msgr. Georges Pontier, sofort zu einem Tag des Fastens und des Gebetes am Freitag, den 29. Juli 2016, ein. Es herrscht Übereinstimmung, dass diese terroristische Gewalt zu den bösen Geistern gehört, „die nur durch Fasten und Gebet ausgetrieben werden können".

Krieg auf Raten

Sobald Papst Franziskus von diesen Ereignissen erfährt, erklärt er, man solle sich im Gebet dem Leiden der Familien und dem Schmerz der Kirche von Rouen anschließen. „Der Heilige Vater ist schwer erschüttert von dieser Gewalttat, die in einer Kirche während der Messfeier verübt worden war. Während einer liturgischen Handlung, die Gott um seinen Frieden für die Welt anfleht", schreibt Kardinal Pietro Parolin, der Staatssekretär des Papstes, in einer offiziellen Erklärung. „Er bittet den Herrn in dieser neuen Prüfung, in allen Menschen Gedanken der Versöhnung und der Geschwisterlichkeit zu erwecken."

Auf dem Flug nach Krakau spricht der Papst immer wieder von einer Welt im Krieg. Seiner Meinung nach ist es ein „Krieg auf Raten", der keineswegs ein Religionskrieg ist.

Stattdessen handle es sich vielmehr um „Interessenkonflikte um die natürlichen Ressourcen und um die Macht über die Menschen". Zum Unverständnis nicht weniger weigert er sich, den Islam mit Gewalt gleichzusetzen oder gar von „islamischem Terror" zu sprechen. Auf dem Rückflug von Krakau am folgenden Sonntag erklärt er den Journalisten, warum er diesen Ausdruck ablehnt: „In allen Religionen gibt es eine kleine Anzahl von Fundamentalisten. Sprechen wir etwa von ‚katholischer Gewalt', wenn getaufte Katholiken einen Menschen töten?" Für den Papst ist es nicht gerechtfertigt, den Islam mit Gewalt zu identifizieren. „Das ist nicht gerecht und das ist nicht wahr." Pfarrer Hamel nennt er einen „heiligen Priester, der genau in dem Augenblick gestorben ist, als er das Opfer der gesamten Kirche dargebracht hat".

Am Tag nach den Ereignissen von Saint-Etienne hält Kardinal André Vingt-Trois, der Erzbischof von Paris, in Notre-Dame eine Messe im Gedenken an den ermordeten Priester. Die Spitze der französischen Politik ist vertreten: Außer dem amtierenden Präsidenten François Hollande sind dessen Vorgänger Valéry Giscard d'Estaing und Nicolas Sarkozy sowie viele Minister anwesend. Angesichts der Trauer über den grausamen Mord in der Kirche betont der Kardinal die Hoffnung, die ein anderes Wort für das Leben ist:

„Diejenigen, die sich mit ihrer Religion schmücken, um ihren tödlichen Plan zu verbergen; diejenigen, die uns einen Gott des Todes verkündigen wollen, einen Moloch, der sich am Tod des Menschen erfreut; diejenigen, die das Paradies dem versprechen, der im Namen Gottes tötet, können nicht hoffen, dass die Menschheit ihren Wahnvorstellungen nachgibt. Die Hoffnung, die Gott dem Menschen ins Herz eingeschrieben hat, trägt einen Namen: das Leben [...]. Diese Hoffnung, die den Dienst von Pfarrer Hamel beseelte, als er die Eucharistie feierte, während der er grausam hingerichtet wurde. Diese Hoffnung hält die Christen im Orient aufrecht, wenn sie vor der Verfolgung fliehen müssen, wenn sie eher entscheiden, alles aufzugeben, als ihren Glauben zu verleugnen. Diese Hoffnung lebt in den Herzen Hunderttausender junger Menschen, die sich um Papst Franziskus in Krakau versammelt haben. Diese Hoffnung erlaubt uns, nicht in Hass zu verfallen, wenn wir von großen Sorgen heimgesucht werden."

Als der Kardinal und der Staatspräsident die Kathedrale verlassen, applaudiert die versammelte Menge beiden.

In den Tagen nach dem Attentat kommen mehr Informationen über das Täterprofil der Dschihadisten von Saint-Etienne heraus. Es handelt sich um Adel Kermiche und Abdel Malik Petitjean, zwei junge radikalisierte Muslime, die sich erst vier Tage vor der Tat kennengelernt haben sollen.

Eine Videoaufnahme wurde entdeckt, in der beide um die Aufnahme in den IS bitten. Die beiden jungen Männer entsprechen genau dem Profil, das von dem Politologen und Islamexperten Olivier Roy beschrieben wird: radikalisiert im Internet und nicht in der Moschee, die sie nicht allzu oft besuchen. Sie lehnen sich gegen die Gesellschaft auf und finden im radikalen und globalen Islam ein Traumziel für ihr Aufbegehren in einer Art „heiliger Unschuld", wie der Titel einer der Studien dieses Autors lautet.

Die zwei jungen Männer stehen zudem unter dem Einfluss des Dschihadisten Rachid Kassim, der sich im IS-Territorium aufhält und etliche junge Radikalisierte zu Aktionen verleitet.

Kermiche lebte im Viertel Saint-Etienne de Rouvray und wurde nach einer Verurteilung von der französischen Justiz gesucht, weil er 2015 zweimal versucht hatte, sich dem IS in Syrien anzuschließen. Nach zehn Monaten im Untersuchungsgefängnis Fleury-Mérongis wurde er zur Residenzpflicht mit elektronischer Fußfessel im Haus seiner Eltern verurteilt. Aber wie man sieht, nutzte er die paar Stunden Freiheit am Vormittag aus, um das Verbrechen zu begehen. Dieses hatte er übrigens laut der Zeitschrift L'Express im sozialen Netzwerk Télégram angekündigt:

„Du nimmst ein Messer, gehst in eine Kirche, du schlachtest jemand ab, fertig! Du trennst zwei oder drei Köpfe ab – damit hat es sich."

Nach einer Rekonstruktion der Zeitung Le Monde in der Ausgabe vom 8. November 2016 geht aus den verschlüsselten Unterhaltungen, die sie über den Messenger-Dienst Chatogram führten, hervor, dass der Übergang zur Tat improvisiert war. Erst am Abend vor dem Attentat wurde das Ziel gewählt, anscheinend aufgrund eines Aushangs mit den Gottesdienstzeiten, den Petitjean sah, als er in der Nacht in den Straßen von Saint-Etienne-du-Rouvray herumirrte. Da sie vergeblich auf Kalaschnikows gewartet und kein Geld hatten, griffen die zwei schließlich zu einem einfachen Küchenmesser, wie man es zum Gemüseschneiden verwendet.

Unmittelbar nach der Tragödie stürmt die Presse auf die muslimische Gemeinde in der Gegend ein, vor allem auf die Yahia-Moschee, die neben der Kirche Sainte-Thérèse liegt. Der 52-jährige Mohammed Karabila, der Vorstand dieser Moschee, beschließt zu antworten: „Normalerweise ist das nicht meine Sache", meint er. „Wenn es solche erschreckende Taten gab, die den Namen des Islam beschmutzten, und Journalisten uns belagerten, hätte ich gewöhnlich die Tür geschlossen und gesagt, dass ihnen niemand antworten würde." Aber Karabila glaubt an das Schicksal. „Ich hätte im Juli in Marokko sein sollen, aber die Krankheit meiner Tochter hat mich in Frankreich zurückgehalten. Wenn ich an diesem schrecklichen 26. Juli in Rouen geblieben war, sollte das seine Bedeutung haben."

In Abwesenheit des Imams, der nach Marokko gereist war, und nach Rücksprache mit seinem katholischen

Freund Pfarrer Pierre Belhache entscheidet sich Karabila, die Medien nicht abzuweisen und eine Erklärung im Namen der muslimischen Gemeinde abzugeben. Er ist ein gerechter Mensch: Er engagiert sich seit dem Jahr 2000 für den Bau und die Vergrößerung der Moschee, zuerst als Sekretär, dann als Gemeindevorsteher. Außerdem ist er der Präsident der muslimischen Kulturgesellschaft im Viertel Saint-Etienne und Präsident des Regionalrates der Muslime in der Haute Normandie. Vor einigen Jahren hatte er in der Moschee einen Trauergottesdienst für den Fallschirmspringer Imad Ibn Ziaten organisiert. Dieser war 2012 in Toulouse von Mohamed Merah ermordet worden. Die Mutter des Ermordeten, Latifa Ibn Ziaten, wohnt in der Nachbargemeinde Sotteville lès Rouen und besucht diese Moschee oft.

Nach dem Attentat auf die Zeitschrift „Charlie Hebdo" im Januar 2015 gründete er die Gesellschaft „Pass 276", die sich gegen die Radikalisierung einsetzt. In diesem Zusammenhang hat er übrigens auch von Adel Kermiche erfahren, der viele junge Leute im Stadtteil radikalisiert und zur Ausreise nach Syrien gebracht hatte. „Aber die Polizei hatte mir versichert, dass sie ihn im Auge behielte und unter Kontrolle hätte." Auch vertritt er den Islam im Interkonfessionellen Komitee, das kurz nach den Ereignissen um „Charlie Hebdo" gegründet wurde. Dieses Komitee hat außerdem ein erfolgreiches Netzwerk geschaffen, das die Verantwortlichen der verschiedenen Religionen im Haus des Erzbischofs – meist in Gegenwart von Msgr. Lebrun selbst – versammelt. Diese Verbindung ist am Tag des Dramas spürbar: Die Mitglieder rufen sich sofort gegenseitig an, bekunden ihr Beileid und ihre Sympathie und beschließen sich zu versammeln: die Vertreter der christlichen Kirchen, des Judentums und des Islam. Ihre Erklärung vom 27. Juli 2016 drückt die einhellige Verurteilung des Mordes, ihre Solidarität mit den Opfern und deren Angehörigen sowie ihre Betroffenheit aus: „Eines ist sicher: Wir werden nicht zulassen, dass irgendjemand uns trennt oder die einen gegen die anderen aufbringt … Wir setzen uns dafür ein, unsere gegenseitigen Bemühungen fortzusetzen, gegen jede extremistische und ausschließende Haltung zu kämpfen. Wir werden uns mit aller Kraft dafür einsetzen, das friedliche Zusammenleben zu fördern."

Obwohl ihre gemeinsamen Bemühungen das Drama nicht hatten verhindern können, waren die Grundlagen für das Zusammenleben von den Verantwortlichen der Kirchen und Religionen in Rouen abgesteckt worden. Sie trugen dazu bei, dass die Terroristen die verschiedenen Gemeinden nicht dazu bringen konnten, sich gegeneinanderzustellen. Die katholische Kirche von Rouen steht somit in erster Reihe bei dem Vorhaben, diese Verbindungen aufzubauen, ganz im Geist des Friedenstreffens von Assisi.

„Moschee in Trauer"

Karabila versteht das Risiko der Verquickung und der Stigmatisierung der muslimischen Gemeinde gut und setzt sofort vielfältige Zeichen der Solidarität mit den Opfern und den christlichen Gemeinden. Sein Tun und seine Verbindung sind beispielhaft für eine gute und schnelle Reaktion der islamischen Gemeinde vor Ort. Er lässt ein Plakat mit der Aufschrift „Moschee in Trauer" an der Tür anbringen und ermutigt alle Moscheen der Region, diesem Beispiel zu folgen. Vor den Medien und den Journalisten weist er auf die guten Beziehungen hin, die schon immer zwischen den Christen und den Muslimen von Saint-Etienne bestehen, vor allem auf der Website von „Madrillet". Er leugnet nicht, dass es Probleme wegen der Präsenz von Salafisten und der Radikalisierung einiger Leute gibt. Aber er weist auch auf die sich gut entwickelnden Bemühungen der muslimischen Gemeinde hin, diesen Radikalisierungstendenzen entgegenzuwirken. Er verwehrt sich stark gegen die Äußerungen von François Bayrou, dem Vorsitzenden der Partei Mouvement Démocrate (MoDem), der die Moschee als „salafistisch" und die Gemeinde als „fanatisiert" ansieht.

„Man kann niemand verbieten zum Beten in unsere Moschee zu kommen. Ja, hier gibt es Salafisten, aber das hat nichts zu bedeuten. Ich versichere Ihnen, gäbe es hier Salafisten, ich würde sie sofort anzeigen", antwortet Karabila in der Lokalzeitung. „Die Moscheen und die Kirchen sind Bollwerke gegen die Radikalisierung." Am 29. Juli 2016 versammelt sich die muslimische Gemeinde zum Freitagsgebet. Sie lädt die Christen ein, daran teilzunehmen. Vor allem sind es zwei Priester, Pfarrer Auguste aus der benachbarten Pfarrei und Pfarrer Belhache, der ehemalige Pfarrer dieser Gemeinde, der seit zwei Jahren von der Diözese Rouen der Beauftragte für die Beziehung zu den dortigen Muslimen ist.

„Dieses Ereignis, das gerade geschehen ist, muss uns helfen, die schon bestehenden Beziehungen zwischen uns zu vertiefen", sagt Pfarrer Auguste zu den in der brechend vollen Moschee versammelten Leuten. „Wir sind dazu berufen, Brücken zu bauen und nicht Mauern. Wir, die Glaubenden, müssen ein Beispiel geben", unterstreicht er.

Der Priester zeigt auch die Gefahren der Vermischung auf: „Ich möchte meinen Brüdern versichern, dass das, was man sieht, nicht der wahre Islam ist. Wir müssen uns eng zusammenschließen.“ Das ist das erste Mal, dass katholische Priester in der Moschee das Wort ergreifen“, erklärt Karabila „und man hat ihnen sogar applaudiert, obwohl man das normalerweise an einem muslimischen Gebetsort nicht tut“, freut er sich.

Nach dem Freitagsgebet begibt sich eine Abordnung zur vier Kilometer entfernten Kirche Saint-Etienne, wo sich das Drama abgespielt hatte. Seit dem Attentat ist die Kirche verschlossen und sollte erst nach einem Bußritus wegen der Entweihung am 2. Oktober 2016 wieder geöffnet werden. „Wir hätten gerne eine Demonstration zur Kirche hin veranstaltet, aber aus verständlichen Sicherheitsgründen haben wir die Genehmigung nicht erhalten. Wir haben dann ein Gedenken auf dem Vorplatz der Kirche organisiert, bei dem zwei Blumensträuße beim Hauptportal niedergelegt wurden“, erklärt Karabila.

Muslime in der Kirche

An diesem Tag ist auch der Präsident des CFCM, des Zentralrates der französischen Muslime, Anouar Kbibech, anwesend, einer Organisation, die die Muslime vor dem Staat vertritt. Kbibech spricht hier die Einladung an die Muslime in Frankreich aus, als Zeichen der Solidarität am darauffolgenden Sonntag die Kirchen zu besuchen.

Dies ist ein unerhörtes Ereignis. Am Sonntag, den 31. Juli, besuchen überall in Frankreich Abordnungen von muslimischen Gemeinden die Messe. Für viele von ihnen ist das zum ersten Mal. „Schauen Sie, in unserer Kultur ist man wirklich nicht gewöhnt, Gebetsorte außerhalb der Moschee aufzusuchen“, gesteht Karabila ein. Im Stadtteil Saint-Etienne besuchen an diesem Sonntag 90 Muslime die Kirche Sainte-Thérèse, die sich in der Nähe der Moschee befindet. „Die Polizei hatte sogar ein bisschen Angst, als sie uns hat kommen sehen“, lächelt Karabila. „Da wir unser eigenes Gebet um 18:05 hatten, sind wir etwas zu spät zur Abendmesse gekommen. „Als wir eingetreten sind, haben die Leute Beifall geklatscht. Weil es in den Kirchen Bänke gibt, haben die Gemeindemitglieder uns sogar ihre Plätze überlassen. Nach der Messe gab es sehr viele persönliche Begegnungen. Das waren sehr bewegende Momente.“

Ein bezeichnendes Detail: In der Kirche befindet sich ein Portrait von Pfarrer Hamel mit Heiligenschein. Das Bild hatte ein Muslim unmittelbar nach dem Mord gemalt und der Gemeinde überlassen. Mitten im Sommer vervielfachen sich in Frankreich Initiativen zu interreligiösen Treffen. Es gab interkonfessionelle Demonstrationen in Toulouse, La Rochelle, Périgueux, Lyon und vielen anderen Orten.

Nicht nur in Frankreich, sondern auch in anderen Ländern sind Imame und Muslime in die Pfarreien gegangen, um die Messe zu besuchen. Das war in vielen italienischen Städten der Fall, von Neapel bis Mailand, von Bari bis Rom. Ebenso in Verviers, einer Stadt in Belgien, aus der nicht wenige Dschihadisten hervorgegangen sind, die in Syrien aktiv sind. Dort hat der Imam Franck Hensch die Kirche Notre-Dame-des-Récollets besucht und bei dieser Gelegenheit erklärt: „Ich möchte, dass Sie wissen, dass ich mich als Mann des Glaubens dem Christen näher gefühlt habe, der vor seinen Gläubigen Gottesdienst feierte, um ihnen die gute Nachricht zu bringen, als diesen jungen Männern, die sich Muslime nennen, fähig waren zu töten und sich dabei auf die Religion beriefen."

Verviers ist außerdem die Stadt, wo einige Jahre vor dem Attentat von Saint-Etienne der 17-jährige Sohn eines radikalisierten Predigers festgenommen wurde, weil er über Youtube Drohungen gegen alle Christen ausgestoßen hatte.

„Wie Du wähle ich die Liebe"

Am 2. August 2016 – genau eine Woche nach der Werktagsmesse in Saint-Etienne, die so schlimm geendet hat, ist die Kathedrale von Rouen bei der Aussegnung von Pfarrer Hamel überfüllt. Er ist der erste Priester seit der Revolution, der in Frankreich während der Messe getötet wurde. Draußen vor der Kirche verfolgt eine große Menschenmenge, die innen keinen Platz gefunden hat, die Trauerfeier auf einem großen Bildschirm während eines kleinen Regenschauers mit, als wenn der Himmel mit den Leuten von Rouen weinte.

In der ersten Reihe sitzen die Vertreter des französischen Staates: Innenminister Bernard Cazeneuve und der Präsident des Verfassungsgerichtes Laurent Fabius, der lange Abgeordneter für das Département Seine-Maritime war. Der Sarg mit dem Leichnam von Pfarrer Hamel wird von seiner Familie und einem langen Zug von Diakonen, Priestern und Bischöfen begleitet. Sie betreten die Kirche durch die Heilige Pforte, die in diesem „Jahr der Barmherzigkeit" geöffnet wurde.

Während der Feier liegen auf dem Sarg eine Albe und eine rote Stola in der Farbe des Blutes der Märtyrer. Schon in seiner Einführung hebt Msgr. Dominique Lebrun, welcher der Trauerfeier für den wohl bescheidensten Priester der Diözese vorsteht, das Paradoxon hervor: „So wie es Pfarrer Hamel nie gewollt hätte, sind wir heute in einer feierlichen Kirche mit wichtigen Persönlichkeiten und vielen Menschen vor den Kameras zusammengekommen ... Aber, liebe Freunde, wir sind hier, wie Pfarrer Hamel es gewollt hätte: Vereint, bereit uns immer mehr zusammenzufinden, die einen bedacht auf die anderen, ohne jemanden auszuschließen."

Dann soll seine Schwester Roseline ein Zeugnis über ihn geben. Sie spricht eindrucksvoll von seinen Erfahrungen während des Algerienkrieges und über die Frage, die er sich gestellt hatte: Er war der einzige Überlebende eines Hinterhaltes, warum ausgerechnet er?" Sie ist der Meinung, dass Jacques Hamel heute seine Antwort bekommen hat: „Der Gott der Liebe und der Barmherzigkeit hat dich erwählt, im Dienst für andere zu stehen, um die Liebe und die Toleranz zwischen den Menschen aller Religionen, Gläubigen und Ungläubigen bis zu seinem letzten Atemzug zu leben."

Es folgt das Zeugnis von Jessica Delaporte, der jüngsten Tochter von Roseline, die ganz eng mit „Onkel Jacques" verbunden war. Sie erklärte schluchzend: „Nach Charlie Hebdo habe ich folgende Worte gepostet: ‚Oh mein Gott, könnten wir nur Toleranz und Einsicht bewahren!' Ich hätte nie geglaubt, dass ich mich an diese Worte mit solcher Kraft und Überzeugung halten müsste. Aber ich werde das für Dich tun. Wie Du entscheide ich mich für den Respekt, wie Du wähle ich die Liebe, wie Du entscheide ich mich für die anderen."

An diesem Tag sagen die Worte Jesu, die Pfarrer Hamel auf seinem letzten Weg begleiten, noch mehr aus:

„Ihr habt gehört, dass gesagt worden ist: Auge für Auge und Zahn für Zahn. Ich aber sage euch: Leistet dem, der euch etwas Böses antut, keinen Widerstand, sondern wenn dich einer auf die rechte Wange schlägt, dann halt ihm auch die andere hin. [...] Ihr habt gehört, dass gesagt worden ist: Du sollst deinen Nächsten lieben und deinen Feind hassen. Ich aber sage euch: Liebt eure Feinde und betet für die, die euch verfolgen" (Mt 5,38–44).

Das Geheimnis des Bösen

In seiner Predigt hütet sich Erzbischof Lebrun davor, eine vorzeitige Heiligsprechung vorzunehmen: „Wir sind nicht Richter über das Herz unseres Bruders ... Es steht mir nicht zu, Pfarrer Hamel zum Märtyrer zu erklären." Aber er schlägt ausgehend von der Schlichtheit des starken Zeugnisses von Jacques Hamel eine Einladung für alle vor: „Seien wir einfach und wahrhaft mit uns selbst. In unserem Herzen, im Innersten unseres Herzens haben wir Ja oder Nein zu Jesus zu sagen. Ja oder Nein zu seinem Weg der Wahrheit und des Lebens. Ja oder Nein zum Sieg der Liebe über den Hass. Ja oder Nein zu seiner Auferstehung."

Dann fügt er eine Überlegung an, bei der er sich selbst nicht ausnehmen will: „Der Tod von Jacques Hamel überzeugt mich zu einem freimütigen Ja, nicht zu einem lauen Ja. Ein Ja zum Leben, wie das Ja von Jacques Hamel bei seiner Priesterweihe. Ist das möglich? Jeder soll seine eigene Antwort darauf geben, Gott zwingt uns nicht ... Gott ist geduldig, Gott ist barmherzig. Selbst wenn ich, Dominique, Nein zur Liebe gesagt habe ... selbst wenn ich zu Gott gesagt habe, ich werde später sehen, selbst wenn ich ihn vergessen habe, Gott wartet auf mich, denn er ist unendlich barmherzig. Aber kann heute die Welt noch länger auf die Kette der Liebe warten, die die Kette des Hasses ersetzen wird?"

Der Erzbischof kommt auf die letzten Worte des Priesters zurück, mit denen er seinen Angreifer zurückgewiesen hat: ‚Weiche von mir, Satan!' „Das Böse ist ein Geheimnis, das die Gipfel des Schreckens erreicht, die uns dazu bringen, das Menschliche zu verlassen", stellt Lebrun fest. Er hat auch ein Wort für die Terroristen: „Ihr, die die mörderische, teuflische Verblendung dazu führt zu töten, lasst euer Herz, das Gott für die Liebe geschaffen hat, überwiegen!" Nach der einfachen und feierlichen Zeremonie wird Jacques Hamel ganz in aller Stille bei den Priestergräbern auf der Colline du Bonsecours oberhalb der Stadt beerdigt. An den folgenden Tagen wird sein Grab von vielen Pilgern besucht, die teilweise von sehr weit her kommen, vor allem an Mariä Himmelfahrt am 15. August. Nach der Messe in der Kathedrale von Rouen folgt eine kleine Fußwallfahrt zu der Basilika Notre-Dame de Bonsecours.

„Gewöhnlich sind es einige Dutzend, aber in diesem Jahr waren es Hunderte Pilger", sagt Generalvikar Maheut. Am Ende der Predigt bei der Trauerfeier hatte Bischof Lebrun alle Getauften, auch diejenigen, die sich von der Kirche entfernt haben, eingeladen in den nächsten Tagen eine Kirche zu besuchen, vor allem am Fest Mariä Himmelfahrt. Der 15. August 2016 ist auch der Tag des Gebetes für Frankreich und wird mit besonderem Bewusstsein begangen. Laut der Zeitung La Croix waren die Katholiken zahlreicher als sonst dort, um dem Aufruf der Bischofskonferenz Folge zu leisten, der Angst nicht nachzugeben.

Der Staatspräsident und der Papst

Ganz überraschend fliegt am 17. August der französische Staatspräsident Hollande nach Rom, um dort Papst Franziskus zu treffen. Das ist nicht unbedeutend; mitten im Sommer, wenn Rom normalerweise verlassen ist, wenn offizielle Besuche selten sind. Dieser Besuch hat privaten Charakter – auch wenn der Präsident von Innenminister Cazeneuve in dessen Eigenschaft als Religionsbeauftragter begleitet wird – und unterstreicht eine gewisse Annäherung zwischen den beiden Männern. Der Unterschied im Ton wird offensichtlich, im Gegensatz zu der vorhergegangenen offiziellen Audienz im Januar 2014, die durch eine gewisse Formalität und unleugbare Kühle gekennzeichnet war.

Das war die Zeit der politischen Debatte um die Eheschließung für alle, gegen die Kundgebungen stattfanden, die von den französischen Bischöfen und zahlreichen Katholiken unterstützt wurden. Danach hatte es eine lange Periode des Unverständnisses zwischen dem Heiligen Stuhl und Paris wegen der Weigerung des Vatikans gegeben, der Ernennung des neuen französischen Botschafters Laurent Stefanini zuzustimmen. Dies geschah aus Gründen, die niemals öffentlich wurden, aber trotz des Dementis des Vatikans den Verdacht aufkommen ließen, dass sie mit dessen Homosexualität zusammenhingen.

Aber seit damals hatte sich etwas verändert. François Hollande hat die Solidaritätsbezeugungen geschätzt, die der Papst nach den Attentaten, die Frankreich aufgeschreckt hatten, immer wieder ausgesprochen hat.

Vor allem aber hat der Mord an Pfarrer Hamel den Präsidenten und den Papst einander näher gebracht. Noch am selben Tag, dem 26. Juli 2016, haben sie miteinander telefoniert. Mehreren Quellen zufolge war der Präsident – sonst mehr für seine kühle Haltung bekannt – berührt vom liebevollen Ton des Papstes, der ihn an seine Herkunft aus Rouen erinnerte. Der Präsident, der am Morgen in Saint- Etienne noch von Krieg gesprochen hatte, änderte in seiner Abendansprache den Ton: „Wenn ein Priester ermordet wird, wird die ganze Republik entweiht."

Aber das ist noch nicht alles. Als er an der von Kardinal Vingt-Trois in Notre-Dame zelebrierten Messe im Gedenken an Pfarrer Hamel teilnahm, als er Msgr. Lebrun empfing und ihm zuhörte, als er die führenden Religionsvertreter des Landes versammelte, hat sich der Präsident am Tag nach dem Attentat von der Würde und der hervorragenden Qualität ihrer Reaktion beeindruckt gezeigt.

„Kein Wort des Vorwurfs gegen die Religionsvertreter, ein starker Wille, jedem Gedanken an Hass oder Vergeltung zu widerstehen, eine Kraft, sich zu versammeln und sich zu vereinen. Kurz, alles, was in den Tagen nach dem Attentat von Nizza gefehlt hat", kommentiert Guillaume Goubert, der Chefredakteur der Zeitung La Croix.

Präsident Hollande scheint besser zu verstehen, dass die Religionen nicht die Kräfte der Reaktion stärken oder Quellen der Trennung und der Gewalt sind, sondern dass sie in einer zerrissenen und terrorisierten Welt unersetzlich sind, um die sozialen Bindungen und das Zusammenleben zu stärken. So hat sein Besuch in Rom zum Ziel, „eine Botschaft der Anerkennung und der

Dankbarkeit" zu sein. In Rom begibt sich der Präsident zunächst in die Kirche San Luigi dei Francesi. Dort will er sich in der Kapelle sammeln, die den Opfern des Terrorismus geweiht ist. Bei der Begrüßung zeigt ihm Msgr. François Bousquet, der Rektor der Kirche, die vielen Gebetszettel, die Pilger dort niedergelegt haben. Sie zeugen von der großen internationalen Solidarität für Frankreich, seit es zu einer Zielscheibe des internationalen Dschihadismus geworden ist. Seiner Meinung nach ist der Präsident davon positiv beeindruckt. Beim Verlassen der Kirche erklärt Hollande, dass „die Erklärungen der Vertreter der französischen Kirche sehr wichtig gewesen sind", weil sie „zur Einigung Frankreichs beigetragen haben".

Das persönliche Gespräch mit Papst Franziskus dauert 40 Minuten. Es handelt sicher von den Beziehungen zwischen Muslimen und Christen in Frankreich nach dem Attentat, von der Einwanderung und der terroristischen Bedrohung. Es handelt auch von der internationalen Politik, vor allem vom Krieg in Syrien und von der schwierigen Situation der Christen im Nahen Osten. Für die Kirche und für Frankreich, die traditionelle Schutzherrin der Christen im Orient, ist das Überleben dieser Gemeinschaften ein grundlegendes Element für den Pluralismus und das soziale Gleichgewicht dieser Region. Wird dieses warmherzige und „brüderliche" Treffen zwischen dem Präsidenten und dem Papst den Beginn einer neuen Zusammenarbeit zwischen dem republikanischen, laizistischen Frankreich und der römisch-katholischen Kirche bezeichnen?

„Die französische katholische Kirche, die in ihrer Heimat wie auch im Vatikan nicht immer geschätzt wird, steht vor der großen Aufgabe, ein gesellschaftliches Netz zu knüpfen, das aus Beziehungen und gemeinsamen Überzeugungen besteht", meint Andrea Riccardi, der ein Kenner der Situation der Katholiken in Frankreich ist. „Laizité" bedeute heute für den Präsidenten „Einheit" und „Zusammenleben", schreibt er im Corriere della Sera.

Globale Auswirkungen

Der Papst und der französische Präsident sind nicht die einzigen Staatsoberhäupter, die sich öffentlich über den Mord an Pfarrer Hamel äußern. In seiner Rede vom 20. August 2016 erinnert Mohammed VI., der König von Marokko, mit klaren Worten an das Geschehen: „Selbstverständlich verurteilen wir aufs Schärfste die vorsätzliche Ermordung von Unschuldigen und wir sind überzeugt, dass der gemeine Meuchelmord an einem Priester dem göttlichen Recht widerspricht und dass sein Opfertod in einer Kirche ein unverzeihlicher Irrsinn ist. Denn er ist ein menschliches Wesen, ein Mann der Religion, auch wenn er kein Muslim ist." Er stellt klar, dass diese Terroristen keine Muslime sind: „Die Ignoranz bringt sie zu dem Glauben, dass ihre Taten im Dschihad begründet sind. Aber seit wann bedeutet Dschihad, Unschuldige zu töten? Der Allerhöchste hat gesagt: ‚Überschreitet nicht die Gesetze', denn Gott liebt die Gesetzesbrecher nicht."

Zum Abschluss lädt er alle Muslime, Christen und Juden ein, „eine gemeinsame Front zu bilden, um dem Fanatismus, dem Hass und der Ausbreitung der unheilvollen Ideen, die im Namen der Religion verbreitet werden, die Stirn zu bieten."

Es ist nicht übertrieben zu sagen, dass der Meuchelmord an einem französischen Priester in einem Arbeitervorort einen Schock von internationaler Reichweite verursacht hat, wie man an den Beileidsbriefen und Solidaritätsbekundungen erkennen kann, die aus aller Welt kamen: aus Afrika über Australien bis hin zu Kanada. Der Schock hat die Grenzen von Religionen und Konfessionen überschritten. Das bezeugt der Brief von Didier Meyer, dem Pastor der evangelisch-reformierten Kirche von Fribourg in der Schweiz: „Niemals habe ich eine solche Erschütterung gespürt. Ich hätte nie gedacht, dass so etwas geschehen kann. Ich habe mich entschlossen, nicht zu schweigen. Ich stelle mich jeder Religion entgegen, die das Töten von Unschuldigen als ‚Garantie' für das ewige Heil abgöttisch verklärt. Ich grüße alle Männer und Frauen guten Willens, die, ohne Aufsehen zu machen, Zeichen des Friedens und der Liebe setzen. Ich liebe eine Religion, die nach all dem, was geschehen ist, einlädt die Liebe zu beweisen. Das ist es, was Jacques Hamel, der am 26. Juli verstorbene Priester, gepredigt hätte."

Epilog: Das Geheimnis eines Martyriums

Der Märtyrer … Seit jenem 26. Juli 2016 ist dieses Wort in aller Munde. Aber dieser Begriff ist nicht selbstverständlich. Für manche Leute ist dieses Wort veraltet, so als handele es sich um ein Phänomen aus der Antike. Für andere ist die Vorstellung vom Märtyrer belastet durch den Begriff des „Shahid", des Märtyrers des Dschihad, der sich opfert, um andere mit in den Tod zu reißen. Doch das Wort Märtyrer kommt von dem griechischen „martys", was Zeuge bedeutet. Der christliche Märtyrer bezeugt mit seinem Leben und seinem Tod Christus selbst.

Die katholische Kirche erkennt Menschen als Märtyrer an, wenn bewiesen werden kann, dass sie „in odium fidei" – aus Hass gegen den christlichen Glauben – getötet wurden. Solche Märtyrer können sofort seliggesprochen werden, es braucht kein „anerkanntes Wunder" dazu. Der Anerkennung eines Martyriums geht normalerweise ein langer Prozess voraus: Bevor man ihn einleiten kann, wird eine Verzögerung von fünf Jahren eingehalten, um das Leben und die Umstände des Todes einer Person mit mehr Abstand erforschen zu können. Das erklärt möglicherweise die anfängliche Zurückhaltung von Erzbischof Lebrun und anderer Kirchenleute, von Pfarrer Hamel als einem Märtyrer zu sprechen.

Aber am Tag der Wiedereröffnung der Kirche Saint-Etienne am 2. Oktober 2016 erklärt er offiziell, dass Papst Franziskus ihn von der Wartefrist über fünf Jahre befreit hat. Die offizielle Untersuchung im Hinblick auf die Seligsprechung kann also sofort beginnen. Diese Nachricht wird von den Gläubigen mit herzlichem Beifall aufgenommen, die bewegt an den Reinigungsriten nach der Entweihung der Kirche teilgenommen haben. Eine solche Dispens, welche die Beschleunigung eines solchen Verfahrens erlaubt, ist äußerst selten. Nur in den Seligsprechungsverfahren von Papst Johannes Paul II. und von Mutter Theresa von Kalkutta ist dies bisher zum Tragen gekommen. Im Gegensatz dazu ist das Verfahren von Frère Christian de Chergé und den Mönchen von Tibhirine immer noch nicht abgeschlossen.

Für Don Andrea Santoro, den italienischen Missionar in der Türkei, der im Jahr 2006 während des Gebetes in seiner Kirche in Trabzon ermordet wurde, ist das Verfahren in Vorbereitung.

Aber der Fall von Pfarrer Hamel ist vollkommen klar; für den Normalsterblichen und für den „sensus fidelium" – das Empfinden der Gläubigen – ist er schon ein Märtyrer. Selbst Papst Franziskus zögert nicht mehr. Am 14. September 2016 lässt er bei einer Messe im Haus Santa Marta im Vatikan für eine Pilgergruppe aus Rouen ein Bild von Pfarrer Hamel auf den Altar stellen. Dabei sagt er: „Heute gibt es in der christlichen Kirche mehr Märtyrer als in den ersten Jahrhunderten. Heute gibt es Christen, die ermordet, gefoltert, gefangengenommen, niedergestochen werden, weil sie Jesus Christus nicht verleugnen. In diesem Zusammenhang kommen wir zu unserem Pfarrer Jacques Hamel; er gehört zu dieser Reihe von Märtyrern."

Papst Franziskus, der in seinen Meditationen oft von der Macht des Teufels spricht, weist in seiner Predigt auf den Sinn der letzten Worte von Pfarrer Hamel hin: „Es gibt da etwas in diesem Mann, der sein Martyrium zusammen mit dem von Christus auf dem Altar angenommen hat. Es gibt da etwas, was mich sehr zum Nachdenken bringt: In diesem schwierigen Augenblick, den er erlebte, inmitten dieses Dramas, das er kommen sah, hat ein sanfter Mensch, ein guter Mensch, einer, der die Brüderlichkeit aufbaute, nicht die klare Erkenntnis verloren, den Namen des Meuchelmörders anzuklagen und deutlich zu benennen: ‚Weiche von mir, Satan'! Er hat sein Leben für uns hingegeben, er hat sein Leben hingegeben, um Jesus nicht zu verleugnen. Und vom Opfer Jesu auf dem Altar aus hat er den Urheber der Verfolgung angeklagt: ‚Weiche von mir, Satan'!"

Dabei sagt der Papst ausdrücklich, dass Töten im Namen Gottes „satanisch" ist. Seiner Meinung nach wäre es schön, wenn alle Religionen dies anerkennen würden. Am Ende seiner Predigt scheint Papst Franziskus den Märtyrer Jacques Hamel sofort seligzusprechen: „Möge dieses Beispiel an Mut, aber auch das Martyrium seines eigenen Lebens, diese Selbstentäußerung um der anderen willen, sein Hinarbeiten auf die Brüderlichkeit zwischen den Menschen uns allen helfen, ohne Furcht voranzugehen! Möge Pfarrer Hamel uns vom Himmel aus – denn wir müssen zu ihm beten, er ist ein Märtyrer, und die Märtyrer sind selig, wir müssen zu ihnen beten – die Sanftheit, die Brüderlichkeit, den Frieden und auch den Mut schenken, die Wahrheit zu sagen: Töten im Namen Gottes ist satanisch."

Am nächsten Tag, dem 15. September 2016, wird das Brevier von Pfarrer Hamel feierlich in die Basilika San Bartolomeo überführt. In dieser Basilika auf der Tiberinsel in Rom werden Reliquien von Märtyrern des 20. und 21. Jahrhunderts aufbewahrt, wie es Papst Johannes Paul II.

von der Gemeinschaft Sant'Egidio gewünscht hatte. „Mit einer Mischung aus Freude und Trauer nehmen wir das große Geschenk auf, das die Kirche von Rouen dieser Basilika macht", sagt Andrea Riccardi, der Gründer der Gemeinschaft Sant'Egidio, in seinem Grußwort. „Trauer über das, was einem über achtzigjährigen Priester widerfahren ist; aber auch Freude darüber, die Glaubenskraft der Kirche von Rouen, der Kirche Frankreichs wiederentdeckt zu haben." Er lobt die würdige Reaktion der französischen Katholiken und das verantwortliche Handeln der Bischöfe wie auch der Familie von Pfarrer Hamel und wendet sich an den Erzbischof von Rouen: „Wir wollen Ihnen unseren Schmerz, aber auch unsere Bewunderung aussprechen." Für den Gründer von Sant'Egidio ist Pfarrer Hamel von nun an und jetzt schon „ein Beispiel, dessen Lebensgeschichte gelesen und verstanden werden soll und ich glaube, er wird viele junge Menschen inspirieren, nicht nur in Frankreich, sondern auch weit darüber hinaus."

In seiner Predigt führt Msgr. Lebrun die göttliche und menschliche Geschwisterlichkeit weiter aus und unterstreicht, dass diese Feier, aber auch „so viele Zeichen auf der ganzen Welt nach dem Attentat zeigen, wie sehr Jacques Hamel ein Zeichen der Brüderlichkeit aller Menschen, ein Bruder aller Menschen ist".

Anschließend wird von einer großen und bewegten Versammlung das Lied „Diesen Schatz tragen wir in zerbrechlichen Gefäßen" gesungen, während ein Holzreliquiar mit dem Brevier von Pfarrer Hamel zum Altar getragen wird, der den neuen Märtyrern Europas gewidmet ist. Die Reliquie trifft dort unter anderem auf die Stola und das Kreuz von Don Pino Puglisi, der 1993 in Palermo durch die Mafia ermordet worden war. Auch wird dort der Rosenkranz des seligen Zefirino Jimenez, eines Roma-Märtyrers aus dem Spanischen Bürgerkrieg, aufbewahrt, ebenso wie der Abschiedsbrief von Franz Jägerstätter, einem deutschen Familienvater, der am 9. August 1943 in einem Gefängnis in der Nähe von Berlin wegen seiner aufrichtigen Opposition gegen den Nationalsozialismus enthauptet worden war.

Das Martyrium von Pfarrer Hamel beruht auf einem Mysterium. Die Tat, die sein Leben beendet hat, war grausam und verwerflich, das ist offensichtlich. Ohne dieses Verbrechen hätte Pfarrer Hamel vielleicht ein langes Leben durch die Gnade eines „christlichen Todes, friedlich, ohne Schmerzen, ohne Tadel" beendet, wie es in der byzantinischen Liturgie heißt. Mit seiner körperlichen Verfassung hätte er nach Meinung von Pfarrer Auguste hundert Jahre alt werden können. Nach einer vielleicht zu rationalistischen Logik könnte man sich fragen: Aber wer hätte in diesem Fall jemals etwas von ihm gehört? Es trifft zu, dass ein alter Pfarrer aus der Peripherie, wohl der Bescheidenste, durch seinen gewaltsamen Tod durch die Hand von Terroristen eine Welle von Emotionen auf der ganzen Welt ausgelöst hat. Da muss man sich schon fragen: warum?

Sicher gibt es bestimmte Umstände bei seinem Tod: Es geschah in einer Kirche, die selbst für den größten Atheisten einen heiligen Ort darstellt, während einer liturgischen Feier, die nur von Liebe, von Hingabe, von Auferstehung und Frieden spricht. Es war ein Mord an einem alten Mann, der schutzlos vor den Angreifern stand; ein Mord, der ausgeführt wurde von zwei jungen Fanatikern im Namen des dschihadistischen Islam. Es geschah in einem Frankreich, in einem Europa, das von der gerade erst erlebten Welle von Attentaten vor allem in Paris, in

Brüssel und Nizza, noch zerbrechlich und verschreckt war. Es geschah im Hinblick auf den „Kampf der Kulturen“ und den „Krieg der Religionen“.

Aber es ist vielleicht auch die Wiederentdeckung des Wertes des Priesters, verachtet und lächerlich gemacht seit viel zu langer Zeit, besonders nach der Skandalwelle um sexuellen Missbrauch, die das Priesterbild getrübt hat. Heute gibt es dank einer Gestalt wie Pfarrer Hamel vor allem, weil er bescheiden war und kein Aufsehen machte, eine Tendenz, einem Leben, das hingegeben wurde für die anderen, für die Ärmsten, die namenlos und still in Armut und Einfachheit leben, wieder einen Wert zuzusprechen.

Philippe Maheut, der Generalvikar der Erzdiözese, meint, dass der Mord an Pfarrer Hamel auf starke und unerwartete Weise dem ganzen Klerus wieder vor Augen geführt hat, was ein Priester für die Leute bedeutet, und zwar auf verschiedenen Ebenen. „Für die der Kirche Fernstehenden steht er für eine geweihte Person, für einen Mann Gottes, für einen wohlwollenden Menschen. Aber in einem Land wie Frankreich, das republikanisch, laizistisch und stark säkularisiert ist, wird der Priester als etwas Besonderes angesehen. Einen Priester anzurühren hinterlässt tiefe Spuren.“

Dann gibt es die Gruppe von Leuten, die Pfarrer Hamel in dem einen oder anderen Moment ihres Lebens kennengelernt hatten: bei Taufen, Hochzeiten oder Trauergottesdiensten, die er für ein Familienmitglied gefeiert hatte. Die Tatsache, dass der Priester Zeuge dieser großen Momente ist, gibt ihm einen besonderen Platz im Leben dieser Familien. In diesem Sinne gibt es sehr viele Zeugnisse: „Die Priester messen nicht immer nach, wohin etwas führt.“

Dann gibt es noch die Gruppe praktizierender Katholiken, der Gemeindemitglieder, die auch die Fehler und Mängel der Priester kennen – wie im Fall von Pfarrer Hamel –, aber diese Männer in tiefer Weise respektieren, weil sie ihr Leben dafür einsetzen, ihnen das Evangelium zu verkünden, und sie letztlich lieben.

Schließlich ist da noch die Tatsache, dass das alles gerade am Ende der Eucharistie geschehen ist. Der Tod eines Priesters während der Messe führt hin zur eigentlichen Kraft der Eucharistie: Christus hat sein Leben hingegeben, der Priester und die Gläubigen sind aufgerufen, sich mit dem Opfer Christi zu vereinen. Pfarrer Hamel hat das Martyrium nicht bewusst gesucht, aber hat dennoch sein Leben hingegeben. „Seitdem feiern wir die Messe überhaupt nicht mehr auf die gleiche Weise wie früher", sagt Maheut. An jenem Morgen hat es in den Augen der öffentlichen Meinung eine doppelte Konfrontation gegeben, das Sinnbild einer umfassenderen Gegenüberstellung. Es ist der Gegensatz zwischen einer Generation alter Katholiken auf der einen Seite, die in schwierigen Zeiten ihrem Glauben und ihrer religiösen Praxis treu geblieben sind, die heute aber immer kleiner wird, älter und zerbrechlicher zu werden scheint. Auf der anderen Seite ist es eine Generation junger immigrierter Menschen, die frustriert und aufsässig ist und den islamischen Glauben in einer radikalen und gewalttätigen Version wiederentdeckt. Diese wird durch falsche Propheten und unerbittliche Radikalisten im Internet verbreitet. „Demografisch betrachtet sind die Letztgenannten anscheinend im Aufwind. Angesichts dieser Situation wird vielfach das – von Michel Houllebecq in ‚Unterwerfung' beschriebene – Schreckgespenst der Implosion des Christentums und einer kommenden Vorherrschaft des Islam in Frankreich und Europa an die Wand gemalt."

Doch Pfarrer Hamel gehört nicht zur Kategorie der „Unterworfenen". Er hatte seinen Angreifern ins Gesicht geschaut, er hatte ihnen Widerstand geleistet, so gut er konnte. In seiner Zerbrechlichkeit war er stark gewesen. Das kann man auch von der kleinen Schar sagen, die an jenem Tag als Geiseln genommen worden waren: Ihre Reaktion gegenüber den Angreifern war überaus würdevoll, wie es das Gespräch zwischen den Schwestern und den Terroristen sowie die gläubige Haltung des Ehepaares bezeugen. Außerdem ist das Christentum in Frankreich und noch mehr in Europa keine „vom Aussterben bedrohte Art". Wenn es einerseits aus einer alten Generation besteht, die den Stürmen der Geschichte widerstehen konnte und somit unseren Respekt und unsere Bewunderung verdient, so gibt es andererseits viele Jugendliche, die den christlichen Glauben mit unglaublicher Frische und Energie wiederentdecken. Sie versammeln sich um Papst Franziskus, der alt, aber energisch ist und die Herzen unserer Zeitgenossen zu berühren versteht. Der Weltjugendtag von Krakau, der gleichzeitig mit dem Geschehen von Saint-Etienne stattgefunden hatte, ist auch das Bild der Kirche im 21. Jahrhundert.

Zwei radikal gegensätzliche Auffassungen von Martyrium sind am 26. Juli 2016 aufeinandergetroffen. Einerseits die durch die denkbar radikalste Ader des Islam hervorgerufene Überzeugung, bei der das Martyrium in einem Zusammenhang mit dem „heiligen Krieg" gesucht und angestrebt wird mit dem Wunsch, sich durch das Töten eines angeblichen Ungläubigen – gleich einer rituellen Geste – selbst zu opfern.

„Aber die Muslime, selbst die radikalsten, dürften selten sein, die diesem Meuchelmord irgendeinen Wert zusprechen könnten: Einen Unschuldigen zu töten, lässt sich nicht mit dem Dschihad vereinbaren", wie es der König von Marokko klargestellt hat.

Auf der anderen Seite steht das Martyrium, das nicht gesucht werden kann, das aber geschieht in einem unerschütterlichen Glauben an die Nachfolge Christi in der Selbsthingabe und in dem Willen, das eigene Leben nicht um jeden Preis zu retten. Die Passion und der Tod werden nicht in einer Logik der Begeisterung für den Tod gelebt, sondern im Glauben, dass am Jüngsten Tag die Liebe den Tod überwinden wird.

In den westlichen Ländern hat die Kirche lange gebraucht, um zu verstehen, dass das Martyrium wieder ein grundlegendes Charakteristikum des christlichen Lebens ist. Es schien bislang immer weit weg von uns zu geschehen. Erst die Feier im Kolosseum in Rom im Jahr 2000, die Papst Johannes Paul II. den neuen Märtyrern gewidmet hatte, sollte diese tiefgründige Realität vermitteln. So zeigt es auch das Schwarzbuch von 2014 über die Lage der Christen weltweit auf: Zu Beginn des 21. Jahrhunderts ist das Christentum die am meisten verfolgte Religion überhaupt. Mit dem Märtyrertod von Pfarrer Hamel ist diese Realität auch ungebeten bis nach Europa gelangt. Irgendwie ist Jacques Hamel der „Christian de Chergé von nebenan" geworden.

In der Tradition der Kirche ist das Blut der Märtyrer auch das Samenkorn der Christen. Das Opfer kann nicht ohne Frucht bleiben. Könnte das Martyrium von Pfarrer Hamel der Beginn einer neuen Glaubenskraft für das Christentum Frankreichs und darüber hinaus sein? Es ist zu früh, um das zu sagen.

Aber man muss festhalten, dass die Früchte seines Lebens und seines Todes schon bedeutend sind: ein allgemeines Bewusstsein vom Wert des Lebens eines einfachen Priesters aus der Peripherie; ein Zeichen der Würde in der Reaktion der Katholiken, der Gläubigen und der Bischöfe, die jeden Gedanken an Rache oder Krieg verworfen haben und stattdessen immer wieder von Liebe, Verzeihung, Frieden und Zusammenleben gesprochen haben; eine noch nie dagewesene Reaktion der islamischen Gemeinde, die sich bewusst geworden ist, dass es notwendig ist, das Opferdenken zu überwinden, um Gemeinschaft mit den Nichtmuslimen aufzubauen und das friedliche Zusammenleben zu sichern; schließlich die Voraussetzungen für eine neue Phase der Anerkennung zwischen den republikanischen Werten und dem religiösen Leben und – noch genauer – zwischen Staat und Kirche, was durch den Besuch von Staatspräsident Hollande bei Papst Franziskus ganz deutlich wurde.

Das alles ist natürlich nicht das Ergebnis irgendeiner Entscheidung von Pfarrer Hamel, sondern die Frucht seines Zeugnisses als treuer Diener Christi. Glücklicherweise gibt es heute viele Menschen – Christen, Muslime und andere Bürger –, die überzeugt sind, dass das Blut von Jacques Hamel nicht umsonst vergossen ist, sondern zur Kraft für ein besseres Zusammenleben werden soll.

Predigt von Kardinal André Vingt-Trois

Messe für die Opfer von Saint-Etienne-du-Rouvray in der Kathedrale Notre-Dame de Paris am 27. Juli 2016

Herr, hast Du uns verlassen?

Meine Damen und Herren, Schwestern und Brüder! „Wie ein versiegender Bach bist du mir geworden, ein unzuverlässiges Wasser.“ Wie sollten wir uns in diesem schrecklichen Moment unseres Lebens diesen Schrei nicht zu eigen machen, den der Prophet Jeremia inmitten der Plagen, von denen er heimgesucht wurde, gegen Gott ausstieß? Wie sollten wir uns nicht an Gott wenden und von ihm Rechenschaft fordern? Doch zu Gott zu schreien bedeutet nicht, es an Glauben fehlen zu lassen. Im Gegenteil, wir sollten weiterhin mit ihm sprechen und ihn sogar dann anrufen, wenn die Ereignisse seine Allmacht und seine Liebe infrage zu stellen scheinen. Wir sollten weiterhin unseren Glauben zu ihm bekennen, unser Vertrauen auf das Antlitz der Liebe und der Barmherzigkeit, das er in seinem Sohn Jesus Christus uns zugewandt hat.

Diejenigen, die sich mit ihrer Religion schmücken, um ihren tödlichen Plan zu verbergen; diejenigen, die uns einen Gott des Todes verkündigen wollen, einen Moloch, der sich am Tod des Menschen erfreut; diejenigen, die das Paradies dem versprechen, der im Namen Gottes tötet, können nicht hoffen, dass die Menschheit ihren Wahnvorstellungen nachgibt. Die Hoffnung, die Gott dem Menschen ins Herz eingeschrieben hat, trägt einen Namen: das Leben. Diese Hoffnung hat ein Gesicht. Es ist das Gesicht Christi, der sein Leben hingibt, damit die Menschen das Leben in Fülle haben. Diese Hoffnung hat ein Ziel: die Menschheit zu einem einzigen Volk zusammenzuführen, nicht durch Vernichtung, sondern durch Überzeugung und den Aufruf zur Freiheit. Diese Hoffnung inmitten der Prüfung versperrt uns für immer den Weg der Verzweiflung, der Vergeltung und des Todes. Diese Hoffnung ist es, die den Dienst von Pfarrer Hamel beseelte, als er die Eucharistie feierte, während der er grausam hingerichtet wurde. Diese Hoffnung hält die Christen im Orient aufrecht, wenn sie vor der Verfolgung fliehen müssen, wenn sie eher entscheiden alles aufzugeben als ihren Glauben zu verleugnen. Diese Hoffnung lebt in den Herzen Hunderttausender junger Menschen, die sich um Papst Franziskus in Krakau versammelt haben. Diese Hoffnung erlaubt uns nicht in Hass zu verfallen, wenn wir von großen Sorgen heimgesucht werden.

Diese Überzeugung, dass die Existenz des Menschen kein einfaches Zufallsprodukt der Evolution ist, diese Überzeugung, dass der Mensch nicht der unvermeidlichen Ausrottung und dem Tod unterworfen ist, lebt im Herzen aller Menschen, was auch immer ihr Glaube, ihre Religion sei. Diese Überzeugung ist in Saint-Etienne auf grausame Weise verletzt worden. Dank dieser Überzeugung können wir der Versuchung des Nihilismus und dem Hang zum Tod widerstehen.

Dank dieser Überzeugung weigern wir uns, dem Verschwörungswahn anheimzufallen und durch das Virus des

Verdachts unserer Gesellschaft Schaden zuzufügen. Man baut die Einheit der Menschheitsfamilie nicht auf, wenn man die „Sündenböcke“ verjagt. Man trägt nicht zum Zusammenhalt der Gesellschaft und der lebendigen sozialen Bindungen bei, indem man ein virtuelles Universum von Polemik und Gewalt schafft. Diese virtuelle Gewalt entwickelt sich immer – unspürbar, aber doch reell – zu einem wirklichen Hass und fördert die Zerstörung als Mittel zum Zweck. Der Kampf mit Worten endet zu oft in der Banalisierung der Aggression als Art und Weise, miteinander umzugehen. Eine Gesellschaft des Vertrauens kann nur durch den Dialog erfolgreich sein, in dem auch die Meinungsverschiedenheiten angehört und berücksichtigt werden.

Die Angst, alles zu verlieren

Die Krise, die zurzeit unsere Gesellschaft durchsteht, konfrontiert uns unerbittlich mit einer neuen Wertung dessen, was wir als die kostbarsten Güter schätzen. Man beruft sich oft auf die Werte als eine Art Talisman, für die wir uns einsetzen müssten, koste es, was es wolle. Aber man ist weniger offen für den Inhalt dieser Werte, das ist sehr schade. Zum großen Teil nährt sich die Missachtung im Hinblick auf unsere Gesellschaft und deren Herabwürdigung zu Hass und Gewalt aus dem Misstrauen, nach dem die Werte, die wir benötigen, sehr umstritten sind und diskutiert werden. Um den Wortlaut des gerade gehörten Evangeliums aufzugreifen: Was für ein Schatz ist im Acker unserer Menschheitsgeschichte verborgen, welche wertvolle Perle haben wir geerbt? Für welche Werte sind wir bereit, alles, was wir haben, zu verkaufen, um sie zu erwerben oder zu bewahren? Vielleicht machen uns unsere Angreifer darauf aufmerksam, dass wir das Ziel unseres Widerstandes klar erkennen können.

Wenn eine Gesellschaft ihres Gesamtprojektes beraubt wird, das gleichzeitig würdig ist, die gemeinsamen Energien zu mobilisieren, und fähig ist, die persönliche Zurückhaltung im Dienste einer Sache zu motivieren und jeden von seinen Eigeninteressen wegzuführen, dann reduziert sie sich auf eine Interessenvielfalt, in der jede Gruppe ihre Wünsche und ehrgeizigen Pläne überwiegen lassen möchte.

Also: Pech für diejenigen, die keine Macht haben, keine Lobby, keine Durchsetzungskraft. Ohne Gegenmittel kann ihnen nichts gelingen, denn sie können niemals auf ihre Not aufmerksam machen.

Die Gier und die Furcht vereinen sich, um Privilegien und Sicherheiten um jeden Preis zu verteidigen und wachsen zu lassen. Ist es heute überhaupt notwendig, unsere gemeinsamen Ängste aufzuzählen? Wenn wir uns auch nicht von ihnen freimachen können, geben uns doch einige von ihnen eine gewisse Klarheit über die Zeit, in der wir leben. Wahrscheinlich haben wir niemals in der Geschichte der Menschheit auf der ganzen Welt mehr Annehmlichkeiten und mehr Sicherheit erlebt als heute in Frankreich. Die Älteren unter uns müssen nicht weit zurückgehen, um sich an die Not in ihren Ländern zu erinnern. Eine Generation genügt. So viele Güter, die geschaffen und verteilt werden – auch wenn die Verteilung nicht ausgewogen ist –, so viele Erleichterungen im Leben hindern uns nicht, von der Angst zerfressen zu werden. Haben wir so viel zu verlieren, dass wir solche Ängste haben?

Die Atomkraft, das Ozonloch, die Erderwärmung, die Verunreinigung der Lebensmittel, der Krebs, Aids, die Unsicherheiten wegen der Zukunft der Renten, die Versorgung unserer Alten in den letzten Lebensjahren, eine Wirtschaft, die den Börsenspielen unterworfen ist, drohende Arbeitslosigkeit, die Instabilität von Familien, die Angst vor einem Baby, das nicht den gesellschaftlichen Vorstellungen entspricht, oder ganz einfach die Angst vor der Geburt eines Kindes, die Furcht, die Jugend nicht integrieren zu können, steigender Drogenkonsum, der Anstieg von sozialer Gewalt, die zerstört, verbrennt, plündert und verletzt, die unsinnigen Todesfälle im Straßenverkehr ...

Ich höre auf, denn ihr könntet diese Liste sehr gut selbst weiterführen und eure eigenen Ängste hinzufügen. Wie viele normal veranlagte Männer und Frauen können diesen schrecklichen, niederschmetternden Tatsachen widerstehen, ohne schwach zu werden? Ein Schreckensbild der Realität, deren verschiedene Fakten uns täglich erreichen. Ein Schreckensbild in den Medien, das die Realität in Beziehung setzt zu Attacken, gegen die die Ängste vor der Hölle, wie sie in vergangenen Zeiten gepredigt wurden, wie harmlose Märchen für Kinder erscheinen lassen. Wie soll man sich nicht wundern, dass sich in unserer Zeit das Syndrom des Sich-schützen-Müssens entwickelt hat?

Schutz vor der Atomkraft für die Reichsten, Schutz durch eine Thujahecke für die etwas weniger Reichen, Schutzvorrichtungen und Appelle für die öffentliche Sicherheit um jeden Preis, Jagd auf diejenigen, die für das kleinste Versagen verantwortlich sind. Kurz gesagt, wir errichten alle möglichen Abschottungsmechanismen. Wir sind überzeugt, dass wir da Erfolg haben werden, wo die befestigten Städte und starken Burgen gefallen sind. Wir werden die Gier und den Diebstahl verhindern. Wir werden verhindern, dass die Armen uns unsere Güter wegnehmen. Wir werden verhindern, dass die Völker der Erde zu uns kommen. Schutz durch Mauern, Schutz durch Grenzen, Schutz durch Schweigen. Bloß die anderen nicht aufregen, Konflikte, Angriffslust, vor allem Gewalt nicht durch unbedachte Äußerungen entfesseln oder einfach eine Meinung aussprechen, die nicht dem Bild des konformen Denkens entspricht, das man von uns haben will.

Schweigen der Eltern angesichts ihrer Kinder, das Weitergeben der allgemeinen Werte gelingt nicht. Schweigen der Verantwortlichen vor dem Werteverfall und dessen Legalisierung. Schweigen durch Nicht-zur-Wahl-Gehen, Schweigen bei der Arbeit, Schweigen zuhause, Schweigen in der Stadt. Worüber soll man schon reden? Die vervielfältigten Ängste schaffen eine kollektive Angst und diese verschließt die Menschen. Sie führt dazu, dass man sich versteckt. Dieser latenten Verunsicherung hat der Terror der blindwütigen Attentate seine Drohungen hinzugefügt. Wo werden wir die Kraft finden, den Gefahren entgegenzutreten, wenn wir uns nicht auf die Hoffnung stützen können? Und für uns, die wir an den Gott von Jesus Christus glauben, ist die Hoffnung das Vertrauen auf das Wort Gottes, wie es der Prophet empfangen und weitergegeben hat: „Mögen sie dich bekämpfen, sie werden dich nicht bezwingen; denn ich bin mit dir, um dich zu retten" […] „Meine Burg ist Gott, der Gott meiner Liebe."

Kardinal André Vingt-Trois, Erzbischof von Paris

Predigt von Msgr. Dominique Lebrun

Vigil in der Kirche Sainte-Thérèse in Saint-Etienne-du-Rouvray

„Gott hat seinen eigenen Sohn nicht verschont“, sagt Paulus und meint damit Jesus. Brüder und Schwestern, können wir etwas anderes sagen, wenn wir von Pfarrer Jacques Hamel sprechen? Gott hat seinen Priestersohn Jacques nicht verschont. Wie wir alle war er ein Sünder, aber was hatte er schließlich Böses getan?

In unserer Stadt Rouen, in unserer Pfarrei Saint-Etienne, in der Diözese und in der ganzen Welt ist die Erschütterung auf ihrem Höhepunkt. Dank der Medien scheint diese Welt immer wieder die Worte des guten Schächers am Kreuz zu wiederholen: „dieser aber hat nichts Unrechtes getan!“ Im Gegenteil, wir haben gehört, wie euer Bürgermeister Pfarrer Hamel mit diesen zwei Wörtern beurteilt hat: „Güte und Wohlwollen“. Wir trauern umso mehr, weil er uns mehr liebte als wir ihn liebten. Immer wenn ich ihn besuchte, habe ich mir gedacht: „Jacques liebt die Leute.“

Das ist der Anfang und das Wesen der Berufung eines Priesters. Das ist die Grundlage und der Höhepunkt des menschlichen Lebens: einfach einander zu lieben, ohne Lüge, ohne Kompromisse, ohne dem Bösen zu verfallen. Aber nun geht das Böse weiter, die Todesangst Jesu geht weiter, das heißt sein Kampf und sein Leiden. Wir sind heute Abend zu Füßen des Kreuzes zusammengekommen, an dem sein Leib aus Liebe hingegeben worden ist. „Gott hat ihn für uns alle hingegeben", sagt Paulus. Für alle, nicht für einen oder zwei oder drei Menschen, nicht für die Gläubigen gegen die Ungläubigen, nicht für die Christen gegen die anderen Menschen, nicht für ein Volk gegen die anderen Völker. Für alle!

Jeder ist hier, zu Füßen dieses Kreuzes mit blutendem Herzen, sicherlich aufgebracht und doch auch etwas besänftigt durch die Zeichen und Worte von Freunden und besonders von unseren muslimischen Nachbarn. Unser Herz wird wohl erleuchtet und geleitet durch das Gedenken an die Worte und Taten Jesu.

Das Kreuz Jesu ist in unserer Stadt, ja in unserer Welt wiedererrichtet worden. Hören wir auch auf die überaus große Hoffnung, die uns Jesus selbst an diesem Kreuz neu geschenkt hat: „Vater, vergib ihnen, denn sie wissen nicht, was sie tun." Wir sprechen so oft das Gebet, das Jesus uns gelehrt und in diesem Moment selbst verkörpert hat: „Vergib uns unsere Schuld, wie auch wir vergeben." Dieser Satz aus dem Vaterunser fällt heute schwer, aber es ist nicht unmöglich, ihn auszusprechen. Ja, wir sind noch immer zu Füßen des Kreuzes, um alles verstehen zu können. Sich von ihm zu entfernen, vor ihm zu fliehen, hieße uns von der Liebe des Herrn zu entfernen.

Paulus fragt sich: „Was kann uns scheiden von der Liebe Christi? Bedrängnis oder Not oder Verfolgung, Hunger oder Kälte, Gefahr oder Schwert?" Diese Worte sind Worte von heute. Die folgenden sind sogar von erschreckender Aktualität: „Um deinetwillen werden wir getötet Tag für Tag, behandelt wie Schafe, die man zum Schlachten bestimmt hat."

Pfarrer Hamel reiht sich ein in die große Zahl der Märtyrer, seit Kain Abel ermordet hat. Es ist die große Zahl derer, die getötet wurden von denen, die eigentlich ihre Brüder sind. Es ist die große Zahl der Verbrechen, die Jesus von Neuem kreuzigen, im Mittleren Osten und in zu vielen Gegenden der ganzen Welt. Mit den jungen Leuten vom Weltjugendtag, von denen auch einige aus Saint-Etienne dabei waren, haben wir vom heiligen Maximilian Kolbe erfahren, jenem Franziskaner, der sein Leben im Lager Auschwitz für einen Familienvater opferte. Wir haben auch von dem seligen Jerzy Popièluszko gehört, der 1984 unter dem kommunistischen Regime ermordet wurde, weil er die Wahrheit gesagt und die Freiheit gefordert hatte, und wir haben an seinem Grab gebetet. Pfarrer Hamel ist ermordet worden, weil er ein Priester war, der täglich die Eucharistie gefeiert hat.

Bei jeder Eucharistie feiern wir den Tod Jesu und verkünden seine Auferstehung. Paulus sagt mit ergreifenden Worten: „Doch all das überwinden wir durch den, der uns geliebt hat. Wir sind Sieger durch die Auferstehung Jesu."

In einigen Minuten setzen wir auf dem Altar Jesus aus – die Eucharistie, den lebenden, den toten und den auferstandenen Jesus. Ich weiß, dass die jungen Leute beim Weltjugendtag in diesem Moment beim Papst eng mit uns vereint sind. Lasst uns auch an sie denken als Gottes Kinder, die vor uns stehen, denken wir an ihre Zukunft. Denken wir daran, dass sie zu Aposteln der christlichen Liebe werden wollen. Wenn wir das wirklich wollen, sagen wir Jesus, dass wir uns nicht von ihm trennen wollen. Wir sagen Jesus, dass wir nicht wollen, dass er sich von uns entfernt. Versprechen wir ihm unsere Bereitschaft zur Liebe!

Das war das Leben von Pfarrer Hamel auf Erden, das ist sein Leben im Himmel. Das ist unser Leben!

Msgr. Dominique Lebrun, Erzbischof von Rouen

Predigt von Msgr. Dominique Lebrun

Trauergottesdienst für Pfarrer Hamel in der Kathedrale von Rouen am 2. August 2016

Liebe Freunde!

Pfarrer Hamel muss Gott nicht mehr fürchten. Er steht vor ihm mit seinen gerechten Werken. Sicher sind wir nicht Richter über das Herz unseres Bruders, aber so viele Zeugnisse über ihn können nicht trügen. Der Pfarrer hatte ein einfaches Herz. Er war derselbe in seiner Familie, bei seinen Brüdern und Schwestern, bei seinen Neffen und Nichten, inmitten seiner Stadt, bei seinen Nachbarn und bei den Gläubigen seiner christlichen Gemeinde.

58 Priesterjahre! 58 Jahre im Dienst von Jesus als Priester, das heißt Diener seines Wortes, seiner Eucharistie und seiner Liebe. – Ich fühle mich ganz klein. Ein Diener Jesu, von dem der heilige Petrus sagt, dass er umherzog und Gutes tat. Jacques, du bist ein treuer Jünger Jesu gewesen.

Überall wo du hingegangen bist, hast du Gutes getan. Zum letzten Osterfest hast du deinen Pfarrkindern geschrieben: „Christus ist auferstanden, das ist ein Mysterium, ein Geheimnis, ein Vertrauen, das Gott uns gibt, damit wir daran teilhaben."

Vielleicht wurzelt dieses Mysterium, dieses Geheimnis, dieses Vertrauen in den auferstandenen Christus in der Erfahrung, im Algerienkrieg überlebt zu haben, an die deine

Familie uns erinnert. Vielleicht werden dieses Mysterium, dieses Geheimnis, dieses Vertrauen die Herzen in dieser unserer Versammlung gewinnen. Der Tod hat nicht das letzte Wort!

Für dich, Jacques, ist die Auferstehung Jesu keine Lektion aus dem Katechismus, sie ist eine Realität. Sie ist eine Realität für unser Herz, für das Innerste des Herzens. Sie ist eine Realität, die man gleichzeitig mit den anderen teilen kann – wie ein gemeinsames Vertrauen. Gott weiß, dass man in unseren Herzen, im Innersten unserer Herzen tief bohren muss, um das Licht zu finden angesichts deines brutalen, ungerechten und schrecklichen Todes.

Schwestern und Brüder, seien wir ehrlich mit uns selbst. Ihr kennt die Geschichte von Jesus, die kein Historiker als Märchen erklären kann. Petrus sagt das Wesentliche: Jesus von Nazareth war ein guter und gerechter Mensch, er heilte alle, „die in der Gewalt des Teufels waren; denn Gott war mit ihm. [...] Ihn haben sie an den Pfahl gehängt und getötet. Gott aber hat ihn am dritten Tag auferweckt und hat ihn erscheinen lassen ..."

Schwestern und Brüder, seien wir einfach und ehrlich mit uns selbst. In unserem Herzen, tief im Innersten unseres Herzens müssen wir Ja oder Nein zu Jesus sagen, Ja oder Nein zu einem Weg der Wahrheit und des Friedens, Ja oder Nein zum Sieg der Liebe über den Hass, Ja oder Nein zu seiner Auferstehung.

Der Tod von Jacques Hamel ruft auch mich auf zu einem freimütigen Ja und nicht mehr zu einem lauen Ja. Einem Ja für das Leben wie das Ja von Jacques bei seiner Priesterweihe. Ist dies möglich? Hier muss jeder selbst antworten. Gott zwingt uns nicht, Gott ist geduldig, Gott ist barmherzig. Selbst wenn ich, Dominique, Nein zur Liebe gesagt habe, selbst wenn ich zu Gott gesagt habe „ich schaue mal später“, sogar wenn ich ihn vergessen habe – Gott erwartet mich, denn er ist unendliche Barmherzigkeit. Aber kann man denn heute noch die Kraft der Liebe erwarten, die die Fessel des Hasses ersetzen wird?

Braucht es noch andere Gemetzel, dass wir uns zur Liebe bekehren, zur Gerechtigkeit, die die Liebe schafft? Die Gerechtigkeit und die Liebe unter den Menschen und den Völkern – ganz gleich auf welcher Seite des Mittelmeeres? Zu viele Tote im Mittleren Osten, zu viel Tod in Afrika, zu viel Tod in Amerika! Zu viel gewaltsamer Tod! Das genügt.

Das Böse ist ein Mysterium. Es erreicht den Gipfel des Schreckens, der uns die Menschlichkeit verlassen lässt. Ist es nicht das, was du, Jacques, mit deinen letzten Worten sagen wolltest? Von den ersten Messerstichen niedergestreckt, versuchst du deinen Angreifer mit den Füßen zurückzustoßen und sagst: „Weiche von mir, Satan!“ Du wiederholst: „Weiche von mir, Satan!“ Du bezeugtest deinen Glauben, dass der Mensch, den der Teufel in seinen Fängen hat, von Gott als gut erschaffen ist. Jesus heilte „alle, die in der Gewalt des Teufels waren“, sagt das Evangelium.

Es geht nicht darum, die Meuchelmörder, die dem Teufel in die Hand spielen, zu entschuldigen. Es geht darum, mit Jesus zu bekräftigen, dass jeder Mann, jede Frau, jedes menschliche Wesen durch seine Gnade sich im Herzen ändern kann. So nehmen wir die Worte Jesu auf, die heute unsere Kräfte zu übersteigen scheinen: „Ich aber sage euch: Liebt eure Feinde und betet für die, die euch verfolgen.“

Ihr, die die teuflische Gewalt quält, und ihr, denen der sinnlose, dämonische Meuchelmord das Herz zerreißt: Lasst euer Herz, das Gott für die Liebe geschaffen hat, siegen. Erinnern wir uns an unsere Mutter, die uns das Leben geschenkt hat; bittet Gott, euch aus den Fängen des Bösen zu befreien. Wir beten für euch, wir bitten Jesus, der die heilte, „die in der Gewalt des Teufels waren".

Roseline, Chantal, Gérald und eure Familien, dieser Weg ist hart. Erlaubt, dass ich euch meine Bewunderung für eure würdige Haltung ausspreche und die Hochachtung vieler. Euer Bruder, euer Onkel war eine Stütze. Er ist es immer noch. Es steht mir nicht zu, Pfarrer Jacques Hamel zum Märtyrer zu erklären. Aber wie sollte man nicht das fruchtbare Opfer seines Lebens anerkennen, vereint mit dem Opfer Jesu, das er treu in der Eucharistie gefeiert hat? Die zahlreichen Worte und Gesten unserer muslimischen Freunde sind ein bedeutender Schritt.

Katholische Gemeinde, ich wende mich auch an euch. Wir sind verletzt, niedergeschlagen, aber nicht zugrunde gerichtet. Ich wende mich an euch, die Getauften unserer katholischen Kirche, vor allem an euch, die ihr nicht so oft in die Kirche kommt, wenn der Weg dorthin in Vergessenheit geraten ist. Mit Msgr. Georges Pontier, dem Vorsitzenden der französischen Bischofskonferenz an meiner Seite, rufe ich euch mit einem einfachen Appell zu einem ersten Schritt auf. Ein erster Schritt, so einfach wie das Leben von Jacques Hamel.

Wir laden euch ein, zu Ehren von Pfarrer Hamel in den nächsten Tagen eine Kirche zu besuchen, um auszudrücken, dass ihr nicht mit ansehen wollt, wie ein heiliger Ort befleckt wird, und zu bekräftigen, dass die Gewalt euer Herz nicht überwältigt, und um dafür die Gnade Gottes zu erflehen. Wir laden euch ein, eine Kerze in dieser Kirche als Zeichen der Auferstehung anzuzünden, euch zu versammeln und euer Innerstes zu öffnen. Wir laden euch ein – wenn ihr könnt – zu beten und zu flehen. Der 15. August soll ein Versöhnungstag werden. Die Jungfrau Maria wird euch mit Zärtlichkeit annehmen. Denken wir an unsere eigene Mutter.

Oh Gott, erhöre die große Not deiner Kinder, die sich zu dir wenden!

Oh Gott, vollende in unseren Herzen, was dein Sohn begonnen hat!

Oh Gott, um deines Sohnes Jacques willen, tröste seine Familie und lass unter uns und unter den jungen Leuten vom Weltjugendtag neue Propheten deiner Liebe erstehen! Amen!

Msgr. Dominique Lebrun, Erzbischof von Rouen

Predigt von Papst Franziskus

Heilige Messe in Santa Marta mit Angehörigen des ermordeten Priesters Jacques Hamel am 14. September 2016

Es ist satanisch, im Namen Gottes zu töten

Im Kreuz Jesu Christi – die Kirche feiert heute das Fest der Erhöhung des Kreuzes Jesu Christi – erfassen wir das Geheimnis Christi in vollem Umfang, dieses Geheimnis der Selbsterniedrigung, seiner Nähe zu uns. Er, „der Gott gleich war", so sagt Paulus, „hielt nicht daran fest, wie Gott zu sein, sondern er entäußerte sich und wurde wie ein Sklave und den Menschen gleich. Sein Leben war das eines Menschen; er erniedrigte sich und war gehorsam bis zum Tod, bis zum Tod am Kreuz" (Phil 2,6-8). Das ist das Geheimnis Christi. Es ist ein Geheimnis, das für das Heil der Menschen zum Martyrium wird. Jesus Christus, der erste Märtyrer, der erste, der sein Leben für uns gibt. Und mit diesem Geheimnis Christi beginnt die ganze Geschichte des christlichen Martyriums, von den ersten Jahrhunderten bis heute.

Die ersten Christen haben sich zu Christus bekannt und dafür mit ihrem Leben bezahlt. Den ersten Christen wurde die Möglichkeit zum Glaubensabfall angeboten, also: „Sagt, dass unser Gott der wahre Gott ist, nicht der eure. Opfert unserem Gott oder unseren Göttern." Und wenn sie das nicht taten, wenn sie die Apostasie verweigerten, wurden sie umgebracht. Diese Geschichte wiederholt sich bis auf den heutigen Tag. Heute gibt es in der Kirche mehr christliche Märtyrer als in ihrer Anfangszeit. Heute werden Christen ermordet, gefoltert, abgeschlachtet, weil sie Christus nicht verleugnen. In dieser Geschichte kommen wir zu unserem Père Jacques: er ist ein Teil dieser Kette von Märtyrern. Die Christen, die heute – sei es im Kerker, sei es durch ihren Tod oder durch Folterungen – leiden, um Christus nicht zu verleugnen, geben Zeugnis für die Grausamkeit dieser Verfolgung. Und diese Grausamkeit, mit der die Apostasie gefordert wird, ist – sprechen wir ruhig das Wort aus – satanisch. Wie gut wäre es, wenn alle religiösen Bekenntnisse bekräftigen würden: „Es ist satanisch, im Namen Gottes zu töten."

Dem Priester Jacques Hamel wurde am Kreuz die Kehle durchgeschnitten, genau in dem Augenblick, als er im Begriff war, das Kreuzesopfer Christi zu zelebrieren. Ein guter, sanftmütiger Mann, ein Mann der Brüderlichkeit, der sich stets bemühte, Frieden zu stiften, wurde ermordet, als sei er ein Verbrecher. Das ist der satanische rote Faden der Verfolgung. Aber da ist etwas in diesem Mann, der sein Martyrium dort am Altar zusammen mit dem Martyrium Christi angenommen hat, da ist etwas, das mich sehr zum Nachdenken bringt: Mitten in diesem schwierigen Augenblick, den er durchlebte, auch mitten in dieser Tragödie, die er kommen sah, hat ein sanftmütiger Mann, ein guter Mann, ein Mann, der sich brüderlich verhielt, nicht die Klarsicht verloren, anzuklagen und klar und deutlich den Namen seines Mörders zu nennen, und er hat ganz klar gesagt: „Weg mit dir, Satan!" Er hat sein Leben für uns gegeben, er hat sein Leben hingegeben, um Christus nicht zu verleugnen. Er hat auch sein eigenes Leben zusammen mit dem Opfer Jesu am Altar hingegeben, und von da aus hat er den Urheber der Verfolgung angeklagt: „Weg mit dir, Satan!“

Dieses mutige Beispiel, aber auch das Martyrium des eigenen Lebens, der Selbstentäußerung, um den anderen zu helfen, der Brüderlichkeit unter den Menschen, möge uns allen helfen, furchtlos weiterzugehen. Möge er – denn wir müssen ihn bitten, er ist ein Märtyrer!, und die Märtyrer sind Selige, wir müssen ihn bitten – uns vom Himmel aus die Sanftmut, die Brüderlichkeit, den Frieden, und auch den Mut schenken, die Wahrheit zu sagen: es ist satanisch, im Namen Gottes zu töten.

Wiederabdruck aus: L'Osservatore Romano. Wochenausgabe in deutscher Sprache Nr. 38 (23. September 2016).

Zeugnis von Roseline Hamel bei der Gedenkfeier an die Märtyrer mit Papst Franziskus in der Basilika San Bartolomeo in Rom am 22. April 2017

Heiliger Vater,
am 26. Juli letzten Jahres wurde mein Bruder Jacques Hamel am Ende der Messe getötet, die er gerade in Saint-Etienne du Rouvray in der Normandie gefeiert hatte. Jacques war 85 Jahre alt, als zwei junge Männer, die durch Hass radikalisiert waren, zur mörderischen Gewalt griffen in der Meinung, damit eine heroische Tat zu begehen.

Jacques war von seinem Alter her schwach, doch er war auch stark. Er war stark im Glauben an Christus, stark in seine Liebe zum Evangelium und zu den Menschen, wer auch immer sie seien und auch, dessen bin ich mir sicher, zu seinen Mördern. Wie Eure Heiligkeit in der Predigt zum Gedenken an Jacques sagte, hat er in diesem schwierigen Moment nicht seine Geistesgegenwart verloren, als er den wahren Verursacher der Verfolgung beschuldigte: „Weiche von mir Satan!" Es ist wahr, „im Namen Gottes zu töten ist immer satanisch". Sein Tod ist die Fortsetzung seines Lebens als Priester. Es war ein Leben als Geschenk: ein Leben, das dem Herrn dargeboten wurde, als er Ja sagte im Moment seine Priesterweihe, ein Leben im Dienst am Evangelium, ein für die Kirche und für die Menschen hingegebenes Leben, vor allem für die Ärmsten, denen er immer am Stadtrand von Rouen gedient hat.

Hier zeigt sich ein Paradox: Er, der nie im Mittelpunkt sein wollte, hat für die ganze Welt ein Zeugnis abgelegt, dessen Tiefe wir noch nicht ermessen können. Wir haben es erlebt bei der Reaktion all jener Christen, die nicht Rache oder Hass gepredigt haben, sondern Liebe und Vergebung. Wir haben es gesehen in der Solidarität der Muslime, die nach seinem Tod die Sonntagsgottesdienste besuchen wollten. Wir haben es gesehen in Frankreich, das in der Zuneigung zu diesem Priester seine Einheit gezeigt hat.

Für uns, seine Familie, bleiben sicherlich der Schmerz und die Leere. Doch es ist ein großer Trost zu sehen, wie viele neue Begegnungen, wie viel Solidarität und wie viel Liebe durch das Zeugnis von Jacques hervorgebracht wurden. So wie er geschrieben hatte: „Unsere Berufung ist diejenige, am Aufbau einer neuen Geschwisterlichkeit teil zu haben, in einem neuen weltweiten Kontext." Ja, mein Bruder Jacques wollte mit seinem Leben als Bruder all jener leben, die ihm anvertraut worden waren. Mit seinem Tod wurde er zu einem universalen Bruder. Im letzten September haben wir das Brevier von Jacques hierher gebracht, das seitdem in dieser Basilika aufbewahrt wird. Wir sind hierfür zutiefst dankbar, wie auch für das hier bewahrte Gedenken an die Glaubenszeugen und für die Solidarität. Möge das Opfer von Jacques Frucht bringen, damit die Männer und Frauen unserer Zeit einen Weg finden können, gemeinsam in Frieden zu leben.

Referenzen, Quellen und Danksagungen

Diese Rekonstruktion des Lebens und des Sterbens von Pfarrer Jacques Hamel wenige Wochen nach seinem Tode stützt sich vor allem auf mündliche Quellen und auf Presseartikel, insbesondere aus der Zeitung La Croix. Abgesehen von einigen Artikeln in Veröffentlichungen der Pfarrei hat Jacques Hamel wenige schriftliche Zeugnisse hinterlassen (oder sie sind im Moment nicht zugänglich).

Von ganzem Herzen danke ich denen, die ihre Erfahrungen und Erinnerungen zu teilen bereit waren, die manchmal noch unter den Eindrücken der Geschehnisse des 26. Juli 2016 standen. Vor allem aber den Augenzeugen des Dramas: dem Ehepaar Janine und Guy Coponet, die in Saint-Etienne-du-Rouvray am 18. August 2016 interviewt wurden, sowie den Schwestern Danièle Delafosse, Huguette Péron und Dominique, die am 17. August interviewt wurden. Ihr Bericht wurde in einem Artikel von *La Vie* (14–17) am 4. August 2016 unter folgendem Titel veröffentlicht: ‚J'ai vu l'aube blanche de Jacques avec la tache rouge' (Ich habe die Albe von Jacques mit dem roten Fleck gesehen).

Mein Dank gilt auch den Familienangehörigen für ihre Bereitschaft und ihr Vertrauen, vor allem der Schwester Roseline Hamel, den Nichten Angélique und Jessica Deleporte, die am 24. August 2016 in Armentières interviewt wurden. Außerdem danke ich Sébastien und Maria Velardita, dem Ehepaar, das Jacques Hamel in seinen letzten Lebensjahren am nähesten gestanden hat und das am 18. August 2016 interviewt wurde.

Mein Dank richtet sich auch an den Klerus der Erzdiözese Rouen: außer dem Bischof Msgr. Dominique Lebrun und dem Generalvikar Philippe Maheut (interviewt am 18. August 2016) auch dem Pfarrer von Saint-Etienne Auguste Phuati (am 17. August 2016) sowie den Priestern Jean de Blangermont, Pierre Belhache (beide am 18. August 2016) und Paul Flament (am 19. August 2016).

Schließlich danke ich in alphabetischer Reihenfolge den übrigen Zeugen, die bereitwillig von ihren Erfahrungen mit Jacques Hamel berichteten, dem sie in einem bestimmten Moment ihres Lebens begegnet waren: Michael Bitton (18. August 2016), Henri Cordonnier (1. September 2016), Henri Couturier (31. August 2016), Christelle Croquesel (25. August 2016), Michel François (18. August 2016), Mohamed Karabila (17. August 2016), Claude Laforge (31. August 2016), Louis und Armande Noel (25. August 2016), Annie-Thérèse Roselle (1. September 2016) sowie Marc und Nicole Tocco (25. August 2016).

Für die Geschichte der Diözese Rouen und das aktuelle Geschehen dort wurden verwendet:

- Nadine-Josette Chaline (Hrsg.): Histoire des diocèses de France: Rouen-Le Havre, Paris, Beauchesne (1976).
- Dominique-Marie Dauzet und Frédéric Le Moigne: Dictionnaire des evêques de France au XX. siècle, Paris, Éd. du Cerf (2010).
- Homepage der Erzdiözese: rouen.catholique.fr
- Die Veränderungen im kirchlichen Leben der Diözese Rouen besonders in den Jahren 1950 bis 1970 sind in folgender Veröffentlichung gut dargestellt:

- Michel Cousineau, Étienne Grieu, Jean-Baptiste Sèbe: Trois générations de prêtres, Ed. Salvator, Paris (2015).

Für die Zeit der Nuntiatur von Angelo Roncalli in Frankreich wurde Bezug auf seine Tagebücher aus den Jahren 1945 bis 1953 genommen, die im Hinblick auf seine Seligsprechung von Giuseppe Alberigo und Alberto Melloni unter folgendem Titel herausgegeben wurden:
- Beatificationis et canonizationis servi dei Ioannis Papae XXIII. summi pontificis (1881–1963); Biografia documentata Pars III (1996).
- Loris Capovilla: XV. anniversario della morte di papa Giovanni, Roma (1978), Seite 170.

Zum Martyrium in der heutigen Zeit wurden folgende Werke verwendet:
- Andrea Riccardi: Salz der Erde, Licht der Welt, Glaubenszeugnis und Christenverfolgung im 20. Jahrhundert, Freiburg 2002 (ital. Original: Il secolo del martirio, 2000).
- Jean-Michel di Falco, Timothy Radcliff, Andrea Riccardi in: Samuel Lieven (Hrsg.), Le livre noir de la condition des chrétiens dans le monde , Paris Éd. XO (2014).

Weitere in diesem Buch zitierte Veröffentlichungen sind:
- Michel Houellebecq: Soumission, Paris, Flammarion (2015).
- Primo Mazzolari: I preti sanno morire. La via crucis continua, Bologna, EDB (2007), Erstausgabe 1958.
- Olivier Roy: La Sainte Ignorance. Le temps de la religion sans culture, Paris, Éd. du Seuil (2008).

Meine Anerkennung gilt Jean-François Colosimo, dem Generaldirektor des Cerf-Verlages, der dieses Buch schnell veröffentlicht hat, sowie Andrea Riccardi für seine wertvollen Ratschläge und das Schreiben des Vorworts.

Mein herzlicher Dank gilt auch Frau Hildegard Ulrich, die dieses Buch aus dem Französischen übersetzt hat, sowie dem Echter-Verlag für die umgehende Herausgabe in deutscher Sprache.

Sehr herzlich möchte ich auch Mireille Davienne, Valérie Regnier und Benoit Lannoo danken. Sie waren treue Weggefährten und haben bei dieser kurzen, aber intensiven Unternehmung sehr wertvolle Hilfen gegeben.

Schließlich danke ich Pfarrer Jacques Hamel, den ich nicht lebend kennenlernen durfte. Doch ich habe ihn lieben gelernt; möge sein Tod nicht umsonst sein, sondern Früchte des Friedens, der Freundschaft, der Zusammenarbeit zwischen Muslimen und Christen und des Zusammenlebens hervorbringe.